U0503723

上海市房地产业发展报告 2021

上海市住房和城乡建设管理委员会
上海市房屋管理局
上海市房地产科学研究院
◎编

上海人民出版社

《上海市房地产业发展报告（2021）》编纂委员会

主　任　姚　凯

副主任　王　桢　张　政　马　韧

委　员（排名不分先后）

冷玉英　张立新　林伟斌　徐存福　陈荣根　鲁　超

李宜宏　陈　宁　王　青　魏　庆　赵　雁　史简青

张　冰　冯钢花　郎　杰　穆东萍　徐　尧　江　丹

严　荣　张　彬　陈涧波　胡迎胜　樊　好　何国平

蔡乐刚　范冬梅

《上海市房地产业发展报告（2021）》编辑部

主　　编　王　桢　上海市住房和城乡建设管理委员会副主任
　　　　　　　　　上海市房屋管理局局长

副 主 编　张　政　上海市住房和城乡建设管理委员会副主任
　　　　　冷玉英　上海市房屋管理局副局长
　　　　　张立新　上海市房屋管理局副局长
　　　　　林伟斌　上海市房屋管理局副局长

执行副主编　赵　雁　上海市房屋管理局政策研究室（法规处）主任
　　　　　严　荣　上海市房地产科学研究院院长

编辑部主任　王金强　上海市房地产科学研究院党委书记、副院长

副 主 任　范冬梅（常务）　上海市房地产科学研究院副院长
　　　　　蒋慰如　上海市房屋管理局房地产市场监管处调研员
　　　　　林英杰　上海市房屋管理局住房保障管理处副处长
　　　　　潘立安　上海市房地产交易中心副主任
　　　　　姚　臻　上海市房屋状况信息中心副主任

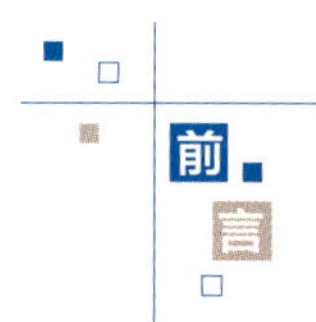

前言

2020年是极不平凡的一年。年初面对突如其来的新冠肺炎疫情，上海市住建系统和房管系统严格按照中共上海市委、市政府“着力防输入的同时，更加注重防扩散”的要求，坚持“三个强化”“三个全覆盖”“三个一律”，制定并严格执行《本市居民区（村）疫情防控管理操作导则》，严防死守，落实各项疫情防控工作措施，在上海市所有住宅小区落实公共区域清洁消毒、来访人员车辆登记管理、加强物业服务人员日常管理、分类做好入户应急维修及租户排查、返沪监管等工作，为防控疫情做出了重要贡献。

在中国经济社会发展的宏伟历史进程中，2020年是全面建成小康社会和“十三五”规划的收官之年。本书在以往反映年度情况的基础上，适当地增加“十三五”数据，以便更直观地反映“十三五”的总体成就。

在进入全面建成小康社会的决胜阶段，人民群众对美好居住生活的需求成为推动住房发展的强大动力。“十三五”期间，上海市坚持“房子是用来住的、不是用来炒的”定位，完善房地产市场和住房保障“两个体系”，坚持以居住为主、市民消费为主、普通商品住房为主的“三个为主”原则，构筑廉租住房、公共租赁住房、共有产权保障住房、征收安置住房“四位一体”的住房保障体系；积极构建以政府为主提供基本保障、以市场为主满足多层次需求的住房供应体系，优化住房供需结构，稳步提高居民住房水平，更好保障住有所居；以解决城镇新居民住房需求为主要出发点，以建立购租并举的住房制度为主要方向，深化住房制度改革；优化住房供应结构，促进市场供需平衡，保持房地产市场平稳运行；将居住证持有人纳入城镇住房保障范围，提高住房保障水平；基本完成城镇棚户区和危房改造任务，市民群众居住条件不断改善。

旧区改造加快速度，城市更新迈上台阶。上海市坚持“留改拆”并举，加强整体谋划，积极创新工作模式，强化制度供给，全力以赴持续推动打好旧区改造攻坚战。“十三五”期间，完成中心城区二级旧里以下房屋改造281万平方米、受益居民14万户。积极开展各类旧住房修缮改造，实施老旧住房综合改造约4000万平方米，受益居民近80万户。制定实施《上海市旧区改造范围内历史建筑分类保留保护技术导则（试行）》，提升各类保留保护建筑整体修缮质量水平，通过规划保留、翻修、复建等方式，保留更新和重新利用保留历史建筑。城市更新坚持“留改拆”并举，以保留利用好提升为主，按照“确保结构安全、完善基本功能、传承历史风貌、提升居住环境”的要求，“十三五”期间，上海市共实施各类保留保护里弄房屋修缮改造260万平方米、优秀历史建筑修缮75万平方米、城市肌理得以延续，历史文化得以传承。强化“红色文化、海派文化、江南文化”品牌建设，开放历史建筑1039处，设置二维码2458处，武康大楼、河滨大楼、1933老场坊等一批历史建筑恢复风貌并成为“网红”打卡地。

房地产市场平稳发展，调控政策成效逐步显现。上海市落实“一城一策”要求，严格执行限购政策和差别化的税收信贷政策，实行房地联动机制，不断提高中小套型普通商品住房供应比例，加强市场监测监管，实现“稳地价、稳房价、稳预期”目标。多渠道筹措租赁房源，有效引导和规范住房租赁企业发展，基本形成多主体参与、多品种供应、规范化管理的住房租赁市场体系，新增租赁住房超过 70 万套（间）。建立住房租赁公共服务平台，实现住房租赁合同网签备案“一网通办”“零跑动”“不见面”办理，为租赁各方当事人提供便捷服务。

住房保障体系逐步健全，受益群体有序扩大。廉租住房对户籍低收入住房困难家庭基本实现应保尽保，累计受益家庭约 13.3 万户。稳妥推动共有产权保障住房申请供应工作，累计签约 12.5 万户。健全征收安置住房保障方式，累计供应超过 30 万套。加大公共租赁住房建设、分配供应、房源循环使用的力度，累计筹措房源约 18.5 万套，累计受益约 70 万户，有效缓解青年职工、引进人才和来沪务工人员等新市民的阶段性住房困难。上海市 16 个区积极试点公共租赁住房拆套使用，为环卫、公交、家政等为城市运行和市民生活提供基础性公共服务的企业职工提供“一张床”，进一步完善上海市住房保障体系。

上海市住宅小区建设“美丽家园”三年行动计划（以下简称“三年行动计划”）贯穿了整个“十三五”时期，上海市小区环境综合整治效果显著，综合治理体系机制进一步理顺，社区治理能力不断提升。“三年行动计划”重点推进实施住宅小区设施设备改造工程，加快推进雨污混接改造、老旧电梯安全评估及修理改造更新、安防监控系统改造、管线入地、消防设施设备改造、电动自行车充电设施建设等民生实事项目。2018—2020 年，共有 2792 个既有住宅小区完成电动自行车充电设施建设，4097 个住宅小区完成雨污混接改造。通过住宅小区综合治理，解决了一批居民反映强烈的痛点和难点问题，住宅小区的设施条件、环境景观、运行安全有了较大改观，住宅小区运行更加安全，公共管理更加有序，环境更加整洁，持续增进民生福祉。

2020 年是为实现第一个百年奋斗目标、为“十四五”发展和实现第二个百年奋斗目标打好基础的关键之年。站在“两个一百年”奋斗目标的历史交汇点上，上海市住建系统和房管系统发扬为民服务孺子牛、创新发展拓荒牛、艰苦奋斗老黄牛的精神，保持慎终如始、戒骄戒躁的清醒头脑，保持不畏艰险、锐意进取的奋斗韧劲，以习近平新时代中国特色社会主义思想为指引，在中共上海市委、市政府的坚强领导下，为建设“五个中心”和具有世界影响力的社会主义现代化国际大都市继续努力奋斗。

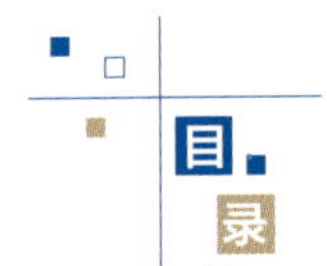
目
录

第六章　房屋管理 / 131

第七章　房地产金融与税收 / 153

第一章　房地产业发展背景

2020年，面对突如其来的新冠肺炎疫情严重冲击和前所未有的严峻复杂形势，上海市在以习近平同志为核心的党中央坚强领导下，以习近平新时代中国特色社会主义思想为指导，全面贯彻落实党的十九大和十九届二中、三中、四中、五中全会精神，深入学习贯彻习近平总书记考察上海重要讲话和在浦东开发开放30周年庆祝大会上的重要讲话精神，坚决贯彻落实党中央、国务院和中共上海市委、市政府的决策部署，自觉践行“人民城市人民建，人民城市为人民”的重要理念，统筹推进疫情防控和经济社会发展工作，经济运行在抗疫情中体现韧性，社会民生在补短板中持续改善，奋力取得了疫情防控和经济社会发展的双胜利。

一、经济发展[①]

2020年，上海市生产总值（GDP）38700.58亿元，比上年增长1.7%。地方一般公共预算收入7046.30亿元，比上年下降1.7%。全社会固定资产投资总额比上年增长10.3%，城市基础设施建设投资比上年下降3.6%，完成房地产开发投资额比上年增长11.0%。金融业增加值7166.26亿元，比上年增长8.4%。中国（上海）自由贸易试验区投资环境进一步优化，金融市场进一步开放，贸易服务体系不断完善，贸易服务体系不断完善。

① 本书所引用的数据除了已标明出处的，其他均来源于本书编辑部。

（一）生产总值

2020 年，上海市生产总值（GDP）38700.58 亿元，比上年增长 1.7%。其中，第一产业增加值 103.57 亿元，比上年下降 8.2%；第二产业增加值 10289.47 亿元，比上年增长 1.3%；第三产业增加值 28307.54 亿元，比上年增长 1.8%。第三产业增加值占上海市生产总值的比重为 73.1%，比上年增长 0.2%。按常住人口计算的上海市人均生产总值为 15.56 万元。房地产业增加值 3393.40 亿元，比上年增长 1.7%。

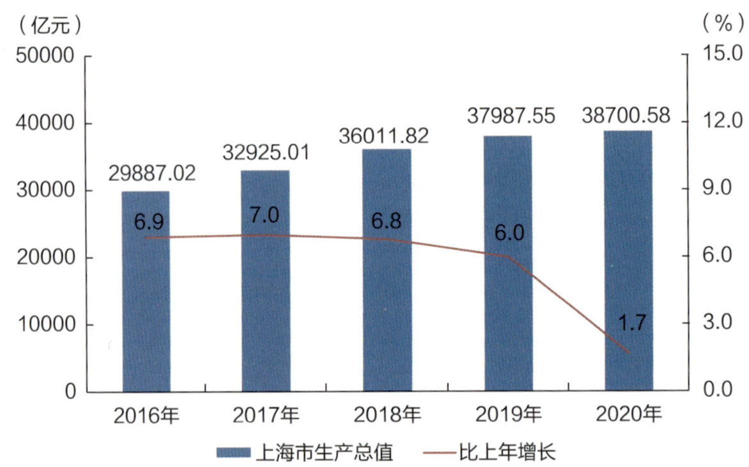

数据来源：《2020 年上海市国民经济和社会发展统计公报》。

图 1-1　2016—2020 年上海市生产总值及其增长速度

在上海市生产总值中，公有制经济增加值 17481.57 亿元，比上年增长 1.3%；非公有制经济增加值 21219.01 亿元，比上年增长 2.0%。非公有制经济增加值占上海市生产总值的比重为 54.8%。

2020 年，战略性新兴产业增加值 7327.58 亿元，比上年增长 9.2%。其中，工业增加值 2959.79 亿元，比上年增长 9.6%；服务业增加值 4367.79 亿元，比上年增长 8.9%。

战略性新兴产业增加值占上海市生产总值的比重为 18.9%，比上年增加 2.8%。

表 1-1 2020 年上海市战略性新兴产业增加值及其增长速度

（单位：亿元；%）

指　　标	绝对值	比上年增长
战略性新兴产业增加值	7327.58	9.2
工　业	2959.79	9.6
服务业	4367.79	8.9

数据来源：《2020 年上海市国民经济和社会发展统计公报》。

（二）市场总量

2020 年，新设市场主体 47.73 万户，比上年增长 10.6%。其中，新设企业 41.79 万户，比上年增长 13.7%；新设个体工商户 5.91 万户，比上年减少 7.0%；新设农民专业合作社 310 户，比上年减少 11.2%。截至 2020 年底，上海市共有各类市场主体 292.90 万户，比上年增长 8.3%。其中，企业 241.91 万户，比上年增长 9.6%；个体工商户 49.93 万户，比上年增长 2.8%；农民专业合作社 1.06 万户，比上年减少 0.9%。

（三）公共预算收支

2020 年，地方一般公共预算收入 7046.30 亿元，比上年下降 1.7%；非税收入占上海市地方一般公共预算收入比重为 17.1%。地方一般公共预算支出 8102.11 亿元，比上年下降 0.9%。

表 1-2 2020 年上海市地方一般公共预算收支及其增长速度

（单位：亿元；%）

指　　标	绝对值	比上年增长
地方一般公共预算收入	7046.30	–1.7
增值税	2285.70	–17.4
个人所得税	670.37	11.0
企业所得税	1394.30	–4.0
契税	380.10	20.6

（续表）

指　　标	绝对值	比上年增长
地方一般公共预算支出	8102.11	–0.9
一般公共服务支出	371.01	1.6
公共安全支出	440.82	6.6
教育支出	1000.59	0.5
社会保障和就业支出	981.12	–1.9
卫生与健康支出	544.50	10.3
节能环保支出	181.82	–1.2
城乡社区支出	1419.49	–13.2

数据来源：《2020 年上海市国民经济和社会发展统计公报》。

（四）全社会固定资产投资

2020 年，全社会固定资产投资总额比上年增长 10.3%。其中，第二产业投资比上年增长 16.5%；非国有经济投资比上年增长 13.1%。

房地产开发投资稳步增长，市民居住条件不断改善。2020 年，上海市加大建设用地供应规模，中心城区二级旧里以下房屋改造速度加快，房地产开发投资比上年增长 11%。

表 1-3　2020 年上海市全社会固定资产投资增长速度

（单位：%）

指　　标	比上年增长
全社会固定资产投资总额	10.3
按经济类型分	
国有经济	3.7
非国有经济	13.1
私营经济	2.3
股份制经济	17.3
外商及港澳台经济	11.5
按产业分	
第一产业	109.8

指　　标	比上年增长
第二产业	16.5
第三产业	9.0
按行业分	
工业	15.9
交通运输、仓储和邮政业	–27.4
信息传输、软件和信息技术服务业	–2.0
金融业	–29.9
教育	1.8
卫生和社会工作	31.3
文化、体育和娱乐业	28.9

数据来源：《2020 年上海市国民经济和社会发展统计公报》。

（五）城市基础设施和房地产

2020 年，城市基础设施建设投资比上年下降 3.6%。其中，电力建设投资比上年下降 0.4%；交通运输投资比上年下降 27.0%；公用事业投资比上年下降 8.6%；邮电通信投资比上年下降 12.7%；市政建设投资比上年增长 33.9%。

表 1-4　2020 年上海市城市基础设施投资增长速度

（单位：%）

指　　标	比上年增长
城市基础设施投资	–3.6
电力建设	–0.4
交通运输	–27.0
邮电通信	–12.7
公用事业	–8.6
市政建设	33.9

数据来源：《2020 年上海市国民经济和社会发展统计公报》。

截至 2020 年底，上海市公交专用道路长度 471 公里（不含有轨电车长度），苏州河中心城区 42 公里岸线公共空间基本贯通开放，完成 124 公里架空线入地及合杆整治、103.3 公里燃气隐患管网改造及 11.3 万户立管改造。

2020 年，上海市自来水供水能力为 1221 万立方米 / 日，比上年下降 2.4%。2020 年，供水总量为 28.86 亿立方米，比上年下降 3.1%；售水总量为 23.59 亿立方米，比上年下降 1.7%。其中，工业用水量、生活用水量分别为 3.89 亿立方米、18.32 亿立方米，比上年分别下降 3.8% 和 1.6%。2020 年，上海市用电量 1575.96 亿千瓦时，比上年增长 0.5%。截至 2020 年底，上海市家庭液化气用户 222 万户，比上年增长 3.3%；家庭天然气用户 753 万户，比上年增长 2.7%。

表 1-5　2020 年上海市公用事业主要指标及其增长速度

（单位：%）

指　　标	单　位	绝对值	比上年增长
自来水日供水能力	万立方米	1221	–2.4
自来水供水总量	亿立方米	28.86	–3.1
自来水售水总量	亿立方米	23.59	–1.7
工业用水	亿立方米	3.89	–3.8
用电量	亿千瓦时	1575.96	0.5
城乡居民生活用电	亿千瓦时	257.14	4.9
液化气销售总量	万吨	27.2	–17.6
天然气销售总量	亿立方米	86.7	–7.8

数据来源：《2020 年上海市国民经济和社会发展统计公报》。

2020 年，上海市完成房地产开发投资额比上年增长 11.0%。其中，住宅投资比上年增长 4.3%；办公楼投资比上年增长 20.8%；商业营业用房投资比上年增长 22.4%。商品房施工面积 15740.34 万平方米，比上年增长 6.3%；竣工面积 2877.78 万平方米，比上年增长 7.8%。商品房销售面积 1789.16 万平方米，比上年增长 5.5%。其中，住房销售面积 1434.07 万平方米，比上年增长 5.9%。2020 年商品房销售额 6046.97 亿元，比上年增长 16.2%。其中，住房销售额 5268.85 亿元，比上年增长 18.2%。2020 年二手存量房买卖登记面积

2546.17 万平方米，比上年增长 21.3%。

2020 年，上海市大力推进旧区改造，完成中心城区成片二级旧里以下房屋改造 75.3 万平方米、受益居民 3.6 万户；完成 709 万平方米三类旧住房综合改造，受益居民约 13 万户；修缮保护各类里弄房屋 55.8 万平方米；完成 751 幢既有多层住宅加装电梯计划立项，完工运行 294 台。新建和转化租赁房源 10 万套，新增代理经租房源 9.9 万套。2020 年新增供应各类保障房 6.1 万套。

表 1-6　2020 年上海市房地产业主要指标增长速度

（单位：%）

指　　标	比上年增长
房地产开发投资	11.0
住宅	4.3
办公楼	20.8
商业营业用房	22.4
商品房施工面积	6.3
商品房竣工面积	7.8
商品房销售面积	5.5
住宅	5.9
商品房销售额	16.2
住宅	18.2
存量房买卖登记面积	21.3

数据来源：《2020 年上海市国民经济和社会发展统计公报》。

（六）金融业

2020 年，上海市实现金融业增加值 7166.26 亿元，比上年增长 8.4%。金融改革创新深入推进，国家金融管理部门和市政府联合发布“金融 30 条”。金融业对外开放“首家”“首批”示范效应明显，一批知名外资金融机构在沪设立独资或合资机构。LPR 利率期权、低硫燃料油期货、国际铜期货等重要金融产品和业务推出，证券市场筹资额、现货黄金交易量、原油期货市场规模等均位居世界前三。

金融发展环境不断优化，2020年6月18日，第十二届陆家嘴论坛成功举办，全球金融中心指数（GFCI）排名升至世界第三。

截至2020年底，上海市中外资金融机构本外币各项存款余额155865.06亿元，比2020年初增加23018.75亿元；贷款余额84643.04亿元，比2020年初增加6741.57亿元。

表1-7　2020年上海市中外资金融机构本外币存贷款情况

（单位：亿元）

指　　标	绝对值	比2020年初增减额
各项存款余额	155865.06	23018.75
住户存款	38302.45	4979.96
非金融企业存款	63425.46	7437.41
财政性存款	3934.59	1160.22
机关团体存款	14601.54	295.85
非银行业金融机构存款	27781.02	7930.88
各项贷款余额	84643.04	6741.57
住户贷款	25599.02	2239.77
企（事业）单位贷款	54302.80	4289.98
非银行业金融机构贷款	404.11	–23.07
人民币个人消费贷款	22146.92	1347.41
住房贷款	15377.03	1025.31
汽车消费贷款	3075.67	307.39

数据来源：《2020年上海市国民经济和社会发展统计公报》。

2020年，上海市金融市场交易总额达到2274.83万亿元，比上年增长17.6%。上海证券交易所总成交额366.70万亿元，比上年增长29.4%。其中，股票成交额83.99万亿元，比上年增长54.4%；债券成交额11.45万亿元，比上年增长78.7%。通过上海证券市场股票筹资9151.73亿元，比上年增长18.9%；发行公司债和资产支持证券共48224.56亿元，比上年增长37.8%。截至2020年底，上海证券市场上市证券22922只，比上年增加5299只。其中，股票1843只，比上年增加228只。

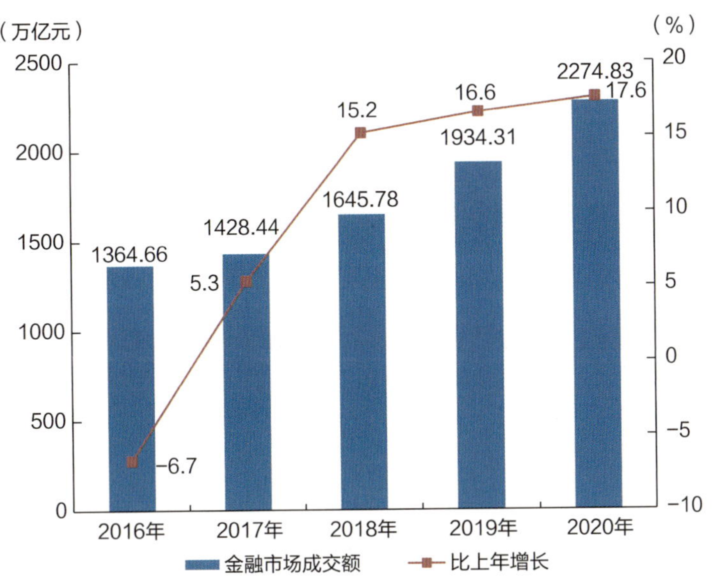

图 1-2　2016—2020 年上海市金融市场交易总额及其增长速度

2020 年，上海期货交易所总成交金额 152.80 万亿元，比上年增长 35.8%。中国金融期货交易所总成交金额 115.44 万亿元，比上年增长 65.8%。银行间市场总成交金额 1618.23 万亿元，比上年增长 11.2%。上海黄金交易所总成交金额 21.66 万亿元，比上年增长 50.7%。

2020 年，保险公司原保险保费收入 1864.99 亿元，比上年增长 8.4%。其中，财产险公司原保险保费收入 594.35 亿元，比上年下降 7.6%；人身险公司原保险保费收入 1270.64 亿元，比上年增长 18.0%。原保险赔付支出 630.70 亿元，比上年下降 3.7%。其中，财产险业务原保险赔款支出 278.46 亿元，比上年下降 9.0%；寿险业务原保险给付 223.75 亿元，比上年下降 0.6%；健康险业务原保险赔款给付 108.28 亿元，比上年增长 7.5%；意外险业务原保险赔款支出 20.2 亿元，比上年下降 11.7%。

（七）中国（上海）自由贸易试验区建设

2020 年，中国（上海）自由贸易试验区，围绕党中央的重大战略部署先后推进实施了1.0版、2.0版、3.0版等三个总体方案，进一步深化自贸区试验区制度创新、改革集成，不断增创国际开放合作和竞争新优势，为上海加快打造国内大循环中心节点和国内国际双循环战略链接发挥更大作用。

投资环境进一步优化，代理记账许可审批改革取得明显成效。上海市率先建立健全《浦东新区代理记账行业综合监管办法》及配套制度，依托代理记账行业综合监管平台，实现可视化、智能化、协同化、精准化的全过程闭环监管，改革后由原来3个工作日压缩至0.5个工作日，部分变更和备案事项实现即到即办，审批效率上海市领先。海关优化服务推动首票中欧班列运输整车入区，优化通关流程，充分发挥“汽车保税仓储＋集中汇总征税”组合政策优势和“大车拉小车”模式，完成4台意大利法拉利整车运输。

金融市场进一步开放。自由贸易账户功能持续发挥，首批保险机构接入自贸试验区分账核算单位，自此实现银行、证券、保险三类金融机构全覆盖。截至2020年底，累计开立自由贸易账户（FT账户）13.2万个，全年跨境人民币结算总额54311.8亿元，比上年增长4.3%，占上海市比重为41.4%；跨境人民币境外借款总额6.7亿元，比上年下降84.2%。上海首单自贸区人民币债券获批发行。

贸易服务体系不断完善。2020年8月30日，国务院正式批复同意上海外高桥保税物流园区转型为上海外高桥港综合保税区。自贸文投平台作用显现，先后推出艺术品进出口批文申办5个工作日完成、艺术品进境免除CCC证明、艺术品进出境备案免除文广局批文等贸易便利化创新措施，进出境文化艺术品量从2019年的61件增加至2020年的2234件，占全国总量90%，保税区文化艺术品累计进出境货值逾480亿元。

重点产业蓬勃发展。2020年，自贸试验区高技术产业产值达

2905.78亿元，比上年增长6.7%，其中，汽车制造、电子信息、生物医药等行业分别增长37.6%、9.5%、2.1%。

表1-8　2020年中国（上海）自由贸易试验区主要经济指标及其增长速度

指　标	单　位	绝对值	比上年增长（%）
一般公共预算收入	亿元	608.25	–1.8
外商直接投资实际到位金额	亿美元	84.38	10.5
全社会固定资产投资总额	亿元	1524.88	44.8
工业总产值	亿元	5446.56	13.9
社会消费品零售额	亿元	2094.17	1.5
商品销售总额	亿元	45810.17	–3.3
服务业营业收入	亿元	5033.18	–0.4
期末监管类金融机构数	个	997	2.8

数据来源：《2020年上海市国民经济和社会发展统计公报》。

二、社会发展

2020年，上海市人民生活水平进一步提高，新增就业岗位57.04万个，城镇登记失业率为3.67%，城镇调查失业率稳定在4.3%以内。以2019年价格为100，2020年居民消费价格指数为101.7。居民人均可支配收入增长4.0%。生态环境继续改善，环保投入相当于上海市生产总值的比例为2.8%。全年环境空气质量（AQI）优良率为87.2%。

（一）人口和就业

截至2020年11月1日零时[①]，上海市常住人口为2487.09万人。其中，户籍常住人口为1439.12万人，外省市来沪常住人口为1047.97万人。常住人口中，男性人口为1287.52人，占51.8%；女性人口为1199.57万人，占48.2%。分区域看，中心城区人口为

① 数据来源：上海市第七次全国人口普查主要数据公报。

668.37 万人，占 26.9 %；浦东新区人口为 568.15 万人，占 22.8%；郊区人口为 1250.57 万人，占 50.3%。

截至 2020 年底，上海市新增就业岗位 57.04 万个，就业困难人员实现就业 6.33 万人，新消除零就业家庭 180 户。帮扶引领成功创业 12546 人，其中，青年大学生 9414 人；帮助 9956 名长期失业青年实现就业创业。完成补贴性职业培训 176.25 万人，其中，农民工补贴性职业培训 95.7 万人。高技能人才占技能劳动者比例达到 35.03%。上海市城镇登记失业人员 13.54 万人，城镇登记失业率为 3.67%，城镇调查失业率稳定在 4.3% 以内。

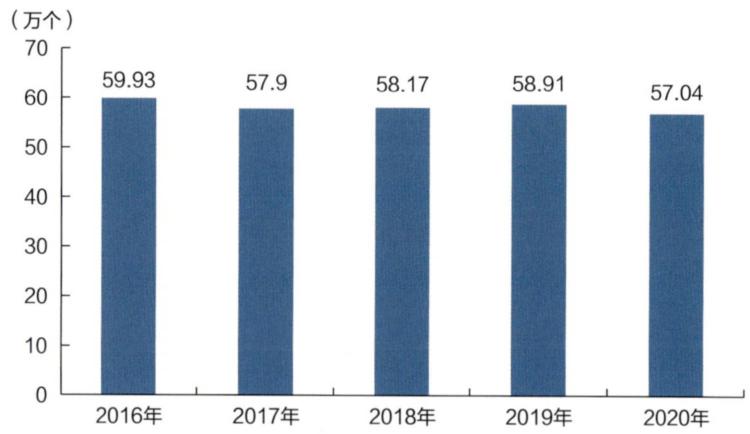

数据来源：《2020 年上海市国民经济和社会发展统计公报》。

图 1-3　2016—2020 年上海市新增就业岗位情况

（二）人均收支和人均住房

根据抽样调查，2020 年上海市居民人均可支配收入 72232 元，比上年增长 4.0%。其中，城镇常住居民人均可支配收入 76437 元，比上年增长 3.8%；农村常住居民人均可支配收入 34911 元，比上年增长 5.2%。上海市居民人均消费支出 42536 元，比上年下降 6.7%。其中，城镇常住居民人均消费支出 44839 元，比上年下降 7.1%；农村常住居民人均消费支出 22095 元，比上年下降 1.6%。

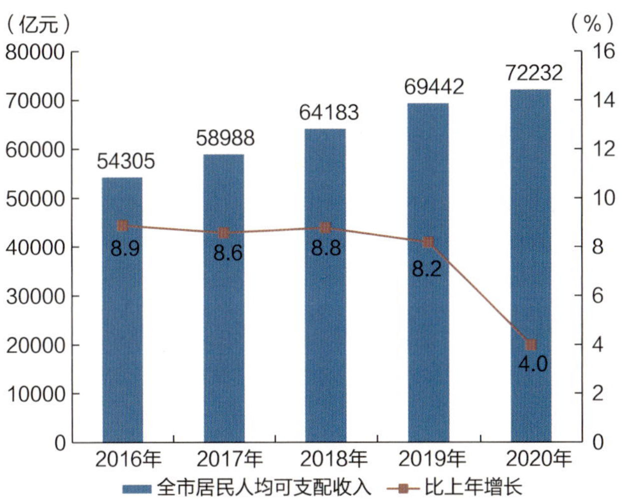

数据来源：《2020 年上海市国民经济和社会发展统计公报》。

图 1-4　2016—2020 年上海市居民人均可支配收入及其增长速度

表 1-9　2020 年上海市居民人均可支配收入及消费支出

（单位：元；%）

指　　标	上海市居民	城镇常住居民	农村常住居民
人均可支配收入	72232	76437	34911
人均消费支出	42536	44839	22095
人均可支配收入比上年增长	4.0	3.8	5.2
人均消费支出比上年增长	–6.7	–7.1	–1.6

数据来源：《2020 年上海市国民经济和社会发展统计公报》。

截至 2020 年底，上海市城镇居民人均住房建筑面积为 37.3 平方米。

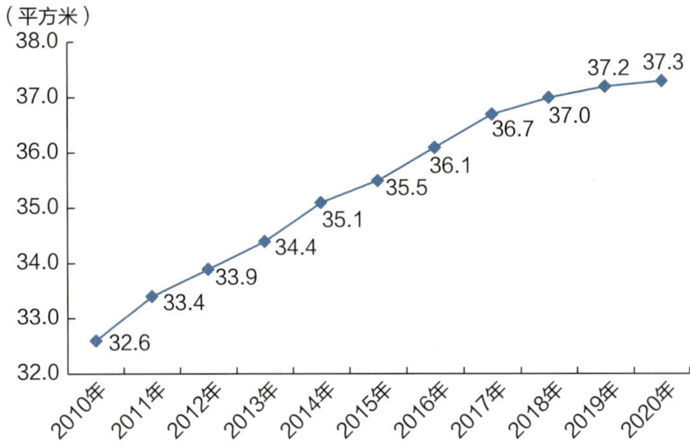

数据来源：上海市统计局。

图 1-5　2010—2020 年上海市城镇居民人均住房建筑面积

（三）价格指数

以2019年价格为100，2020年，居民消费价格指数为101.7。其中，食品烟酒类价格指数为105.3，居住类价格指数为100.8，医疗保健类价格指数为101.2；工业生产者出厂价格指数为98.3，工业生产者购进价格指数为96.9。

以2019年12月价格为100，2020年，新建商品住房销售价格指数为104.2，二手住房销售价格指数为106.3。以上年价格为100，2020年，新建商品住房销售价格指数为103.6。二手住房销售价格指数为103.5。

表1-10　2020年上海市居民消费价格指数

指　　标	指数（以2019年价格为100）
居民消费价格指数	101.7
食品烟酒	105.3
衣着	100.9
居住	100.8
生活用品及服务	99.8
交通和通信	96.6
教育文化和娱乐	101.1
医疗保健	101.2
其他用品和服务	102.9

数据来源：《2020年上海市国民经济和社会发展统计公报》。

（四）社会保障

截至2020年底，上海市共有1616.67万人（包括离退休人员）参加城镇职工基本养老保险，有76.19万人参加城乡居民基本养老保险。月最低工资标准为2480元，小时最低工资标准为22元。

截至2020年底，上海市共有1588.41万人（包括离退休人员）参加职工基本医疗保险，有355.99万人参加城乡居民基本医疗保险。

2020年，上海市进一步深化完善社区嵌入式养老。2020年，新增社区综合为老服务中心52家、社区老年助餐服务场所212个、养老床位7646张，改造老年认知障碍照护床位2320张，实施老年认知障碍友好社区建设试点50家。深化长期护理保险制度试点，截至2020年底，享受服务老人达41.7万人。建有社区综合为老服务中心320家，社区老年助餐服务场所1232个。共有养老机构729家，床位16.12万张。其中，由社会投资开办356家，床位6.67万张。

2020年，各级政府支出最低生活保障资金23.17亿元、特困人员救助供养资金0.92亿元、粮油帮困资金0.80亿元。

（五）环境保护

2020年，全社会用于环境保护的资金投入1087.86亿元，相当于上海市生产总值的2.8%。

2020年全年环境空气质量（AQI）优良率为87.2%；二氧化硫年日均值6微克/立方米；可吸入颗粒物（PM10）年日均值41微克/立方米；细颗粒物（PM2.5）年日均值32微克/立方米；二氧化氮年日均值37微克/立方米；一氧化碳年日均值0.7毫克/立方米；臭氧日最大8小时滑动平均值达标率92.6%。截至2020年底，城市污水处理厂日处理能力达840.3万立方米，比上年提高0.7%。全市清运生活垃圾约867.34万吨（干垃圾+湿垃圾），日均2.37万吨。其中，干垃圾519.49万吨，合14193.82吨/日，同比减少20%；湿垃圾347.85万吨，合9504.01吨/日，同比增长27.5%。生活垃圾焚烧处置量18337吨/日，湿垃圾生化处置量3463吨/日，填埋1810吨/日。生活垃圾焚烧和湿垃圾资源化能力28095吨/日，另有应急填埋能力5000吨/日。已建成焚烧厂12座，焚烧能力21300吨/日；湿垃圾处理能力共计6795吨/日。湿垃圾集中处理设施 10 座，处理能力 5530 吨 / 日，另有分散处理能力 1265 吨 / 日。可回收物收运量 233.34 万吨，合 6375.42 吨 / 日，同比增长 57.5%；有害垃圾处理量 940.62 吨，合 2.57 吨 / 日，同比增加 328.5%。

2020 年，完成新建绿地 1202 公顷，其中，公园绿地 655 公顷；完成造林 9 万亩，新建绿道 212 公里，新建立体绿化 43.1 万平方米。全面推进 17 条（片）市级重点生态廊道建设，沪芦高速、沈海高速、金山化工区、老港固废基地周边等 10 条（片）基本建成，重点生态廊道面积达到 10.3 万亩。截至 2020 年底，上海市森林面积达 175.8 万亩，森林覆盖率达 18.5%，人均公园绿地面积 8.6 平方米，城市公园数达 406 座，湿地保有量 46.55 万公顷，保护率达到 50.4%。

第二章　投资与建设

2020 年，上海市房地产开发投资比上年增长 11%[①]，保持稳步增长，市民的居住条件不断改善。建设用地供应规模继续加大，中心城区二级旧里以下房屋改造速度加快，新开工项目数量有所增加、开工面积快速回升，房屋竣工面积经历了连续两年的下降后止跌回升。

在推进保障性住房建设的同时，组织各区推进办及大型居住社区市政公建配套建设、设计单位开展《上海市保障性住房（大型居住社区）配套建设管理导则（基地内市政公建配套）(2019 年修订版）》的专题培训会，并修订《关于搞好本市保障性住房大型居住社区市政公建设施基本配套的若干意见》，进一步规范不同阶段的大型居住社区配套建设的管理要求。

一、房地产开发投资

（一）投资规模[②]

2020 年，上海市全社会固定资产投资总额和房地产开发投资保

① 数据来源：上海市统计局。

② 本节数据来源：上海市统计局。

房地产开发投资指各种登记注册类型的房地产开发公司、商品房建设公司及其他房地产开发法人单位和附属于其他法人单位实际从事房地产开发或经营活动的单位统一开发的包括统代建、拆迁还建的住宅、厂房、仓库、饭店、宾馆、度假村、写字楼、办公楼等房屋建筑物和配套的服务设施、土地开发工程（如道路、给水、排水、供电、供热、通信、平整场地等基础设施工程）的投资；不包括单纯的土地交易活动，是报告期内房地产开发企业或单位完成的全部用于房屋建设工程和土地开发工程的投资额以及公益性建筑和土地购置费等投资。

房地产开发经营统计包括：各种登记注册类型的房地产开发公司、商品房建设公司及其他房地产开发单位统一开发的包括代建、拆迁还建的住宅、厂房、仓库、饭店、宾馆、度假村、写字楼、办公楼等房屋建筑物和配套的服务设施、土地开发工程（如道路、给水、排水、供电、供气、通信、平整场地等基础设施工程）。包括非房地产开发经营企业但实际从事房地产开发或经营活动的单位。房地产开发经营统计不包括单纯从事房地产管理、代理与经纪的企业或单位。

持持续增长，且房地产开发投资增速上升。2020年，上海市全社会固定资产投资总额比上年增长10.3%，增幅上升5.2个百分点。其中，房地产开发投资额为4698.75亿元，比上年增长11.0%。从细分情况来看，在房地产业开发投资中，2020年上海市城市基础设施投资额比上年下降3.6%，增幅下降1个百分点。2020年邮电通信投资比上年下降12.7%；市政建设投资比上年上升33.9%。

表2-1　2019—2020年上海市按行业区分固定资产投资结构变化

（单位：%）

指标名称	2019年同期增长率	2020年同期增长率	增幅变动
全社会固定资产投资总额	5.1	10.3	5.2
按经济类型分			
国有经济	7.9	3.7	-4.2
非国有经济	3.9	13.1	9.2
私营经济	-17.3	2.3	19.6
股份制经济	9.2	17.3	8.1
外商及港澳台投资	20.8	11.5	-9.3
按三次产业分			
第一产业	90.4	109.8	19.4
第二产业	11.6	16.5	4.9
第三产业	3.8	9	5.2
按行业分			
工业	11.3	15.9	4.6
建筑业	6.7	834.9	828.2
交运仓储邮政业	-10.7	-27.4	-16.7
信息传输、软件和信息技术服务业	14.8	-2.0	-16.8
批发和零售业	-7.4	-13.5	-6.1
住宿和餐饮业	-61.4	158.6	220
金融业	20.9	-29.9	-50.8
房地产业	5.1	11.1	6.0
城市基础设施投资	-2.6	-3.6	-1.0
电力建设	-21.2	-0.4	20.8
交通运输、邮电通信	-9.6	-25.3	-15.7
交通运输	-13.5	-27.0	-13.5
邮电通信	33.9	-12.7	-46.6
公用设施	14.6	26.2	11.6
公用事业	-14.6	-8.6	6.0
市政建设	23.9	33.9	10.0

2020年，上海市房地产开发投资稳步增长，完成投资4698.75亿元，比上年增长11.0%。从全年的走势来看，房地产开发投资呈现短暂下降后回升的态势。一季度受疫情影响投资增速比上年下降8.2%，为全年最低点。此后随着复工复产全面推进和开工建设持续推进，房地产开发投资增速回升。①

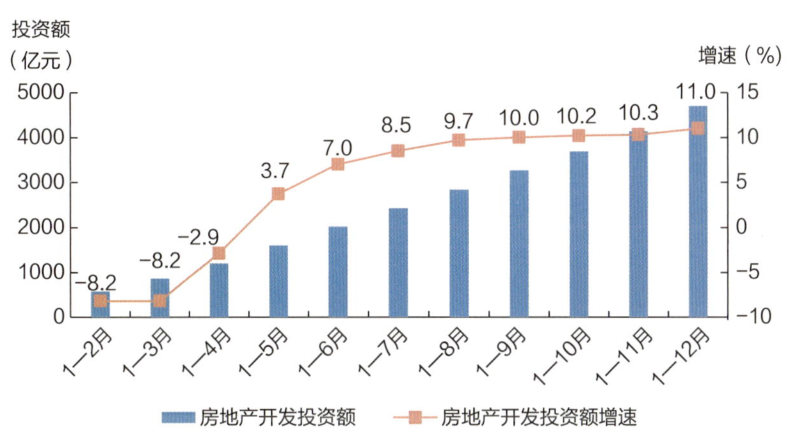

图2-1　2020年上海市月度房地产开发投资累计额

（二）投资结构

从2020年上海市房地产开发投资的房屋类型来看，住宅、办公楼及商业用房的投资均呈现上涨趋势。其中，办公楼投资涨幅较大。2020年，住宅、办公楼和商业用房投资额在房地产开发投资中的占比略有下降。2020年，上海市住宅投资额为2418.79亿元，比上年增长4.3%，占房地产开发投资的51.5%，比上年下降3.3个百分点；办公楼和商业用房的投资在经历了连续2年的下降后，在2020年开始出现低位回升。其中，办公楼的投资额为833.08亿元，比上年增长20.8%，占投资总额的17.7%；商业用房的投资额为559.85亿元，

① 数据来源：上海市统计局：《2020年本市房地产市场综述》。

比上年增长 22.4%，占投资总额的 11.9%。

表 2-2　2018—2020 年上海市房地产开发投资的房屋类型

（单位：亿元）

指　　标	2018 年	2019 年	2020 年
住宅投资额	2225.92	2318.13	2418.79
办公楼投资额	692.71	689.36	833.08
商业用房投资额	461.42	457.23	559.85

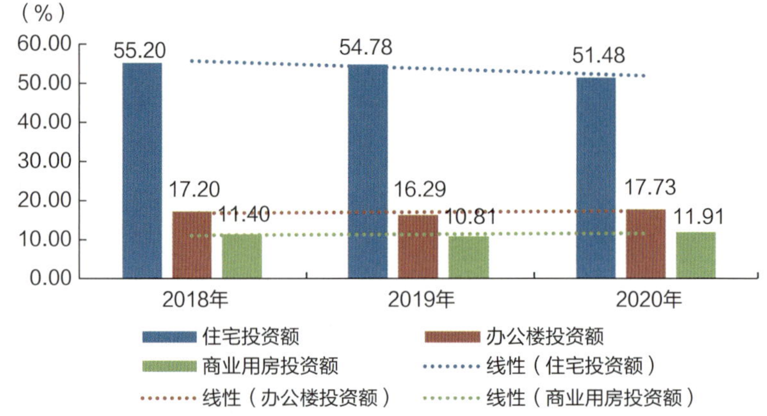

图 2-2　2018—2020 年上海市房地产开发投资的房屋类型占比

从 2020 年上海市房地产开发投资的投资结构来看，土地购置费仍是支撑房地产开发投资增长的主要因素。2020 年，上海市房地产开发投资中的土地购置费为 2325.53 亿元，比上年增长 18.4%，增速比上年增长 3.6 个百分点。土地购置费占全部房地产开发投资的 49.5%，占比提高 3.1 个百分点；建安工程投资额为 2053.41 亿元，比上年增长 1.6%，占比 43.7%。

表 2-3　2018—2020 年上海市房地产开发投资的投资结构

（单位：亿元）

指　　标	2018 年	2019 年	2020 年
土地购置费	1846.14	1963.51	2325.53
建安工程投资额	1971.77	2021.19	2053.41

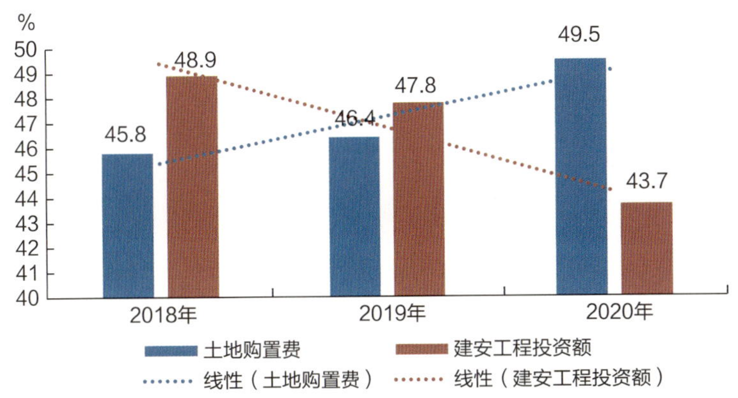

图 2-3　2018—2020 年上海市房地产开发投资的投资结构占比

从投资主体来看，除港澳台企业投资下降外，其他类型企业投资均有较快增长。2020 年，上海市国有房地产企业投资额为 678.31 亿元，比上年增长 13.9%；非国有投资额为 4020.44 亿元，比上年增长 10.6%。在非国有房地产企业中，股份制企业投资额为 2610.91 亿元，比上年增长 19.4%；外商企业投资额为 161.26 亿元，比上年增长 22.5%；私营企业投资额为 905.96 亿元，比上年增长 0.6%；港澳台企业投资额为 337.69 亿元，比上年下降 18.8%。

（三）到位资金

2020 年，上海市房地产开发项目本年到位资金为 5516.14 亿元，比上年增长 1.3%。从资金来源渠道来看，企业更加依赖自筹资金。开发项目本年到位资金中自筹资金比上年增长 10.5%，而国内贷款比上年下降 2.9%，其他资金比上年下降 3.4%。

表 2-4　2020 年上海市房地产项目本年到位资金情况

（单位：亿元；%）

指　标	资　金	增　速	比　重
本年到位资金	5516.14	1.3	100.0
国内贷款	1345.92	–2.9	24.4
自筹资金	1975.50	10.5	35.8
其他资金	2188.97	–3.4	39.7

二、房屋建设

（一）商品房建设

● 1. 商品房建设规模[①] ●

2020 年，随着促开工、稳增长力度的持续加大，上海市新开工项目数量有所增加、开工面积快速回升，房屋在建规模有所扩大。房屋施工面积为 15740.34 万平方米，比上年增长 6.3%；住宅施工面积为 7712.25 万平方米，比上年增长 3.6%。其中，房屋新开工面积为 3440.62 万平方米，比上年增长 12.3%。从房屋类型来看，住宅新开工面积为 1756.37 万平方米，比上年增长 11.7%，增速比上年提高 4.9 个百分点；办公楼和商业用房新开工面积为 752.79 万平方米，比上年增长 11.4%。

2020 年，上海市房屋竣工面积经历了连续两年的下降后止跌回升。房屋竣工面积为 2877.78 万平方米，比上年增长 7.8%。其中，住宅竣工面积为 1627.61 万平方米，比上年增长 12.0%；办公楼和商业用房竣工面积为 545.52 万平方米，比上年下降 6.6%。

表 2-5　2020 年上海市房地产开发基本情况

（单位：万平方米；%）

指　标	面　积	比上年增长
施工面积	15740.34	6.3
住宅	7712.25	3.6
新开工面积	3440.62	12.3
住宅	1756.37	11.7
商办	752.79	11.4
竣工面积	2877.78	7.8
住宅	1627.61	12
商办	545.52	−6.6

① 本部分数据来源：上海市统计局。

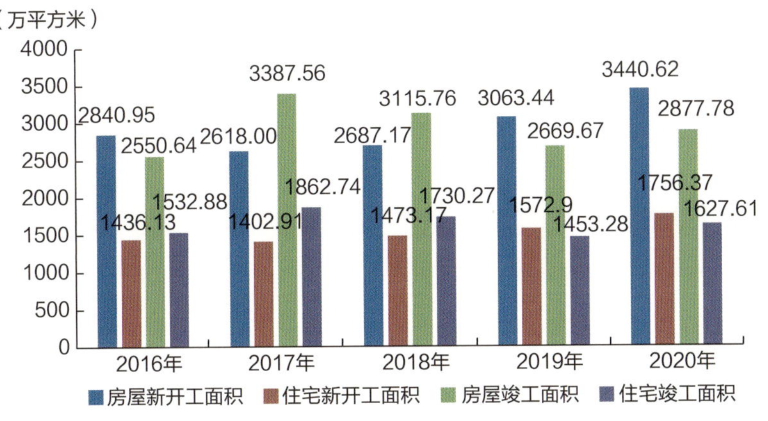

图 2-4 2016—2020 年上海市商品房新开工和竣工面积

● 2. 新建住宅许可证发放情况●

2020 年，上海市全年竣工交付住宅项目共计 228 个，发证总住宅建筑面积为 1355.56 万平方米。其中，保障性住房项目为 97 个，建筑面积为 595.55 万平方米，占比为 43.9%。

表 2-6 2016—2020 年上海市发放新建住宅交付许可证情况

（单位：个；万平方米）

年份	项目数量	发证住宅总建筑面积	保障性住房发证建筑面积
2016	403	2255	595
2017	372	2073	838
2018	294	1649	686
2019	224	1158	456
2020	228	1356	596

（二）保障性住房建设

● 1. 征收安置住房●

在征收安置住房建设投资额方面，2020 年，上海市征收安置住房建设完成投资额为 216.76 亿元。其中，市属征收安置住房完成投资额为 83.52 亿元（含新开工项目 18.91 亿元，在建项目 64.61 亿元）；区属征收安置住房完成投资额为 133.24 亿元（含新开工项目 51.84 亿元，在建项目 81.4 亿元）。从征收安置住房建设完成投资的占比来看，2020 年新开工项目占完成投资总额的 32.64%，在建项目占完成投资总额的 67.36%。

表 2-7　2016—2020 年上海市征收安置住房完成投资情况

（单位：亿元）

年份	完成投资	市属		区属	
		新开工项目	在建项目	新开工项目	在建项目
2016	207.54	23.94	15.92	73.34	94.34
2017	185.40	8.65	28.21	35.34	113.20
2018	195.65	12.50	26.77	32.09	124.29
2019	244.37	6.31	63.06	40.88	134.12
2020	216.76	18.91	64.61	51.84	81.40

2020 年，在新开工项目完成投资中，市属新开工项目完成投资额占年度新开工项目完成投资额的 26.73%，比上年增长 199.68%；区属新开工项目完成投资额占年度新开工项目完成投资额的 23.92%，比上年增长 26.81%。“十三五”期间，市属新开工项目投资占比均比区属新开工项目少。在在建项目完成投资中，市属在建项目完成投资额占年度在建项目完成投资额的 44.25%，完成投资额比上年增长 2.46%；区属在建项目完成投资额占年度在建项目完成投资额的 55.75%，完成投资额比上年减少 39.31%。“十三五”期间，市属在建项目投资额占比均低于区属在建项目。

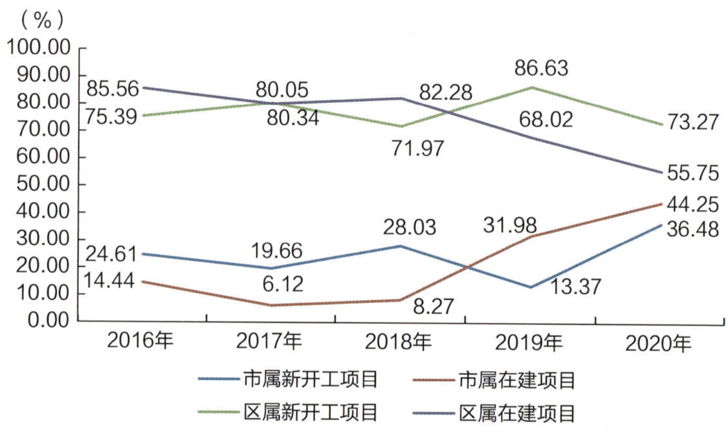

图 2-5　2016—2020 年上海市征收安置住房完成投资占比情况

在征收安置住房开工规模方面，2020 年，上海市征收安置住房新开工 4.81 万套、面积约为 417.90 万平方米，比上年增加 0.94 万套。其中，市属征收安置住房 2.76 万套、面积约为 198.10 万平方米，比上年增加 2.3 万套；区属征收安置住房 2.78 万套、面积约为 255.24 万平方米，比上年减少 0.63 万套。

表 2-8　2016—2020 年上海市征收安置住房开工情况

（单位：万平方米；万套）

年份	开工项目合计		市属项目		区属项目	
	面积	套数	面积	套数	面积	套数
合　计	2170.41	25.75	654.29	8.86	1551.56	17.63
2016	652.66	7.42	109.37	1.4	543.29	6.02
2017	354.29	4.38	92.51	1.28	261.78	3.1
2018	409.35	5.27	220.88	2.96	188.47	2.32
2019	336.21	3.87	33.43	0.46	302.78	3.41
2020	417.90	4.81	198.10	2.76	255.24	2.78

除 2018 年外，在 2016—2020 年期间，市属征收安置住房开工面积均低于区属征收安置住房。在 2016—2018 年期间，市属征收安置住房项目的面积占比有所上升，在 2019 年有所回落，并于 2020 年有所回升。2020 年，市属安置住房开工面积占比为 47.40%，比上年增加 37.46%。

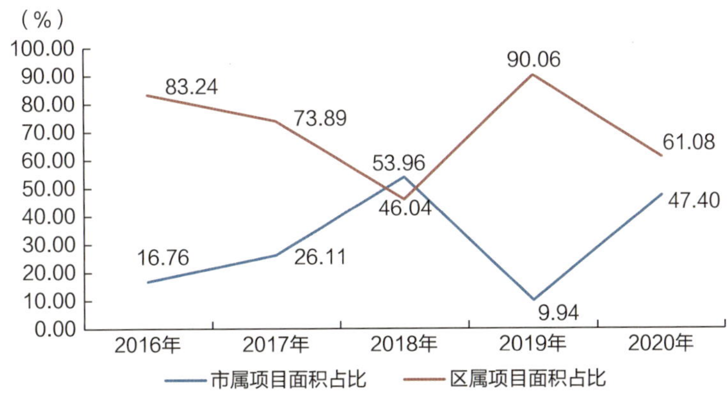

图 2-6　2016—2020 年上海市征收安置住房开工项目面积占比情况

在征收安置住房基本建成规模方面，2020 年，上海市征收安置住房基本建成 5.54 万套、面积约为 453.34 万平方米。其中，市属征收安置住房基本建成 2.76 万套、面积约为 198.10 万平方米；区属征收安置住房基本建成 2.78 万套、面积约为 255.24 万平方米。

2020 年，住房和城乡建设部下达给上海市的保障性安居工程建设目标为棚户区改造住房（征收安置住房）新开工 1000 套、基本建成 3000 套。截至 2020 年底，新开工完成 1148 套，完成率为 114.80%；基本建成完成 3486 套，完成率为 116.20%。

表 2-9　2011—2020 年上海市征收安置住房基本建成情况

（单位：万平方米；万套）

年份	竣工项目合计		市属项目		区属项目	
	面积	套数	面积	套数	面积	套数
合　计	4290.29	48.76	993.32	13.38	3296.97	35.39
2011 年	298.25	3.58	83.84	1.06	214.41	2.52
2012 年	470.14	5.83	285.20	3.88	184.94	1.96
2013 年	533.63	6.18	148.23	2.09	385.40	4.10
2014 年	490.49	5.83	158.70	2.26	331.79	3.57
2015 年	727.49	7.91	83.51	1.10	643.98	6.81
2016 年	788.16	8.72	80.76	1.11	707.40	7.61
2017 年	611.38	6.46	69.80	0.83	541.58	5.62
2018 年	370.75	4.25	83.28	1.05	287.47	3.20
2019 年	265.50	2.94	43.88	0.61	221.62	2.33
2020 年	453.34	5.54	198.10	2.76	255.24	2.78

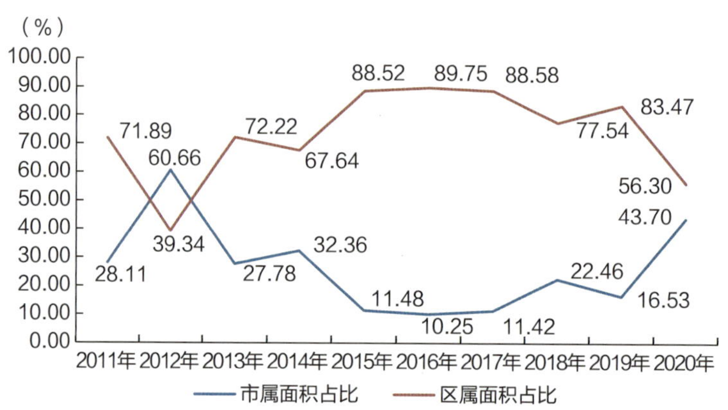

图 2-7　2011—2020 年上海市征收安置住房基本建成面积占比情况

2020 年，市属征收安置住房基本建成面积占征收安置住房竣工项目占比比上年有所上升。市属项目的竣工面积占比除 2012 年外均低于区属项目。近年来，上海市征收安置住房的建成规模主要集中在区属项目中。但在 2020 年度中，市属项目与区属项目的建成面积差距有所缩小。

为进一步规范上海市征收安置住房的建设工作，2020 年上海市修订出台《上海市征收安置住房管理办法》，进一步规范征收安置住房建设、供应和使用管理，优化住房供应结构，改善市民居住条件。

2. 搭桥情况

表 2-10　2020 年上海市征收安置住房搭桥供应情况

（单位：万平方米；套）

区　域		面　积	套　数
合　　计		468.06	52204
区属项目小计		439.54	48409
1	宝山区	25.10	2814
2	崇明区	4.32	462
3	奉贤区	101.54	9436
4	嘉定区	0.47	72
5	金山区	23.22	2533
6	临港新城	7.82	712
7	闵行区	27.26	3255
8	浦东新区	185.11	21921
9	普陀区	11.91	1232
10	青浦区	24.48	2562
11	松江区	18.97	2054
12	杨浦区	9.33	1356
市属项目小计		28.51	3795
1	浦东新区	28.51	3795

2020年，上海市征收安置住房累计搭桥供应约为5.22万套、面积约为468.06万平方米。其中，市属项目约为0.38万套、面积约为28.51万平方米；区属项目约为4.84万套、面积约为439.54万平方米。

● 3. 共有产权保障住房●

2020年，上海市共有产权保障住房新开工1.30万套、面积约为92.53万平方米；竣工0.75万套、面积约为54.35万平方米。

表2-11　2011—2020年上海市共有产权保障住房建设情况

（单位：万平方米；万套）

年份	开工		竣工	
	面积	套数	面积	套数
合计	963.62	14.20	1113.85	16.56
2011	541.00	8.03	200.63	2.98
2012	185.14	2.77	93.51	1.41
2013	0	0	146.64	2.15
2014	0	0	97.73	1.48
2015	64.17	0.93	171.23	2.53
2016	73.25	1.05	169.34	2.44
2017	0	0	120.09	1.90
2018	100.06	1.42	114.68	1.67
2019	111.73	15.95	36.48	0.43
2020	92.53	13041.00	54.35	7537.00

对应上海市政府2020年设立的新增可供应5万套保障性住房的目标，截至2020年底，上海市保障性住房实际新增可供应50411套、面积约为407.11万平方米。其中，市属保障性住房竣工20380套、面积约为146.95万平方米；区属保障性住房竣工30031套、面积约为260.17万平方米。

（三）大型居住社区建设

2020年，上海市进一步加快推进大型居住社区建设工作。截至2020年底，上海市各大型居住社区中市属保障性住房合计开工

17285套、面积约为126.46万平方米；基本建成35124套、面积约为252.44万平方米。

表2-12 2020年上海市各大型居住社区建设情况

（单位：万平方米；套）

序号	基地名称	当年开工		当年基本建成	
		建筑面积	套数	建筑面积	套数
	合　　计	126.46	17285	252.44	35124
1	松江南站基地	53.83	7059	91.18	12722
2	曹路南拓展基地	15.33	2030	18.79	2673
3	顾村拓展基地	25.76	3779	0	0
4	云翔拓展基地	19.11	2665	4.38	572
5	惠南民乐基地	12.42	1752	45.95	6982
6	南桥东基地	0	0	33.30	4516
7	谈家港基地	0	0	9.37	1018
8	浦江原选址	0	0	8.29	1188
9	华新拓展基地（徐泾北）	0	0	16.13	2108
10	泗泾南拓展（洞泾）基地	0	0	8.58	1200
11	城北基地	0	0	16.47	2145

在政策完善方面，2020年修订出台《上海市大型居住社区征收安置房源价格管理办法》，以此来进一步规范房源定价、差价等价格管理。

三、住宅配套设施建设

（一）新建住宅配套建设

在配套费征收方面，2020年，上海市共计征收城市基础设施配套费47.66亿元。其中，配套费统筹区域征收4.84亿元；非统筹区域征收42.82亿元。2020年，非统筹区域城市基础设施配套费征收中，浦东新区占比最高，占比为18.92%。相比于上年，闵行区、嘉定区、松江区、临港新城的城市基础设施配套费征收占比有所上升，其他区域均有所下降。2016年至2019年，非统筹区域城市基础配套费征收额呈逐年下降趋势，到2020年有所回升。

表2-13　2016—2020年配套费非统筹区域城市基础设施配套费征收情况

（单位：亿元）

区　域	2016年	2017年	2018年	2019年	2020年
浦东新区	6.82	8.60	8.46	8.66	8.10
闵行区	1.94	3.30	4.14	4.56	7.40
松江区	4.60	3.27	3.09	2.26	4.26
奉贤区	8.65	7.15	8.33	5.57	4.45
金山区	0.24	1.95	3.96	3.04	1.82
青浦区	6.94	3.64	3.35	2.40	4.47
嘉定区	6.05	5.11	3.20	2.00	6.12
宝山区	0.87	1.20	1.90	1.43	1.19
崇明区	4.88	4.04	1.33	2.24	1.53
临港新城	3.70	2.90	1.20	0.83	3.48
合　计	44.69	41.16	38.96	32.99	42.82

在配套费投资使用方面，2020年上海市配套费统筹区域安排建设资金3.83亿元。安排城市基础设施配套费投资公建项目46个、0.73亿元，占比为19.06%；市政项目78个、3.1亿元，占比为80.94%。上海市新建住宅城市基础设施配套统筹区实际拨付金额共计3.6亿元，其中，公建项目0.73亿元、市政项目2.87亿元。

2020年，上海市重点推进的配套项目为金钟路、连冠路、绥芬河路、政涟路、程家桥路、长白山路、依兰路、杨泰路等市政道路建设。

（二）大型居住社区配套建设①

为推进大型居住社区配套设施的进一步完善，2020年通过制定计划，根据住房和城乡建设部及市政府下达的建设目标，分别制定大型居住社区保障性住房和配套年度建设计划，通过市区联手，多

① 数据来源：上海市住宅建设发展中心。

部门联合推进大型居住社区建设及配套设施完善，并指导各区土地供应、引进优质资源、加大动迁扫尾力度，推进配套建设。

在大型居住社区外配套项目建设推进方面，年度计划完成投资5亿元。截至2020年底，实际建成1项，实际完成投资5.623亿元，完成年度计划的112%。

在大型居住社区内配套项目建设推进方面，上海市需重点推进内配套任务共计372个，其中，新开工98个、竣工97个、接管97个、开办80个。截至2020年底，累计完成285个任务。其中，新开工51个、竣工80个、接管93个、开办61个。

表2-14　2020年上海市大型居住社区内配套项目计划和完成情况

（单位：个）

	区域	闵行区	松江区	浦东新区	青浦区	宝山区	嘉定区	奉贤区	合计
计划	新开工	12	42	9	5	4	16	10	98
	竣工	19	38	15	4	13	2	6	97
	接管	14	26	20	9	16	10	2	97
	开办	8	34	9	4	19	5	1	80
	合计	53	140	53	22	52	33	19	372
完成	新开工	12	14	9	4	2	3	7	51
	竣工	19	27	15	4	7	2	6	80
	接管	14	24	20	9	14	10	2	93
	开办	8	25	9	4	9	5	1	61
	合计	53	90	53	21	32	20	16	285

2020年，上海市加大力度推进大型居住社区内配套项目建设。一是结合大型居住社区建设进展和年度住宅交付计划，编制大型居住社区内配套建设计划并协调推进。二是委托第三方单位，对大型居住社区配套建设现状和居民满意度开展全面评估。三是着手制订大型居住社区配套三年行动计划。根据上海市领导相关工作要求，会同市级相关部门、各相关区在对已启动建设大型居住社区基地配套建设情况评估的基础上，研究制订了大型居住社区配套“三年行

动计划”（征求意见稿），加快推进配套设施完善。

在政策完善方面，一是落实新的大型居住社区配套建设导则。在2019年底修订完成的《上海市保障性住房（大型居住社区）配套建设管理导则（基地内市政公建配套）》基础上，组织各区大型居住社区推进办及大型居住社区市政公建配套建设、设计单位开展专题培训会，指导各区提升大型居住社区建设标准和建设品质。二是修订大型居住社区配套基本配置意见。在2013年基本配置若干意见的基础上，结合大型居住社区配套建设实际，修订《关于搞好本市保障性住房大型居住社区市政公建设施基本配套的若干意见》，进一步完善了对大型居住社区不同阶段配套的建设要求。

四、住宅产业化和绿色建筑

（一）装配式建筑[①]

2020年，上海市土地出让环节共落实装配式建筑地上建筑面积约2925万平方米，累计落实量超过1.2亿平方米。新开工装配式建筑面积约4234万平方米，新开工装配式建筑面积在新开工建筑总面积的占比为91.7%，比上年提高5.3%。

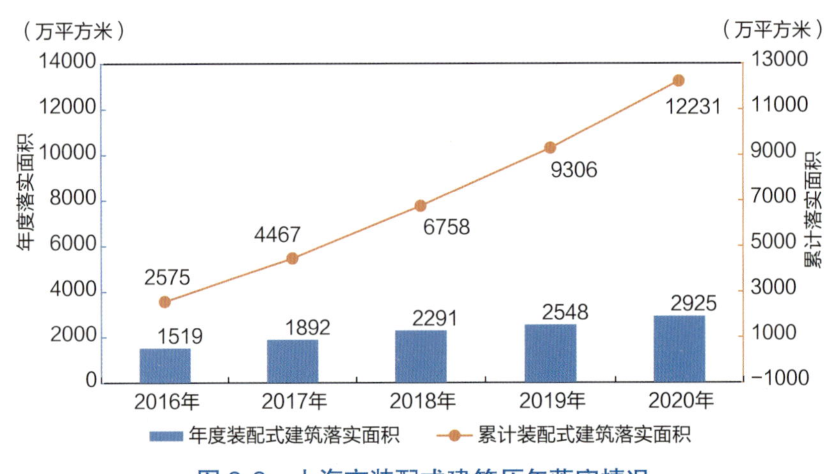

图2-8　上海市装配式建筑历年落实情况

① 本部分数据来源：《2020年上海市装配式建筑发展报告》。

2020 年在新开工的装配式建筑中，保障性住房面积约为 324.7 万平方米，比上年减少 9.5%，商品住房面积约为 1549.4 万平方米，比上年增长 38.8%，公共建筑面积约为 1127 万平方米，比上年增长 7.2%，其他的约为 1232.7 万平方米，比上年增长 34.4%。

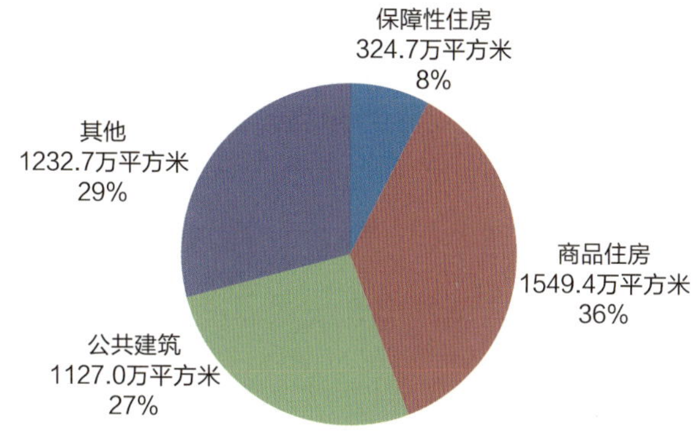

图 2-9　2020 年上海市新开工装配式建筑不同类型占比

新开工装配式建筑主要分布为浦东新区 24.6%、松江区 11.5%、闵行区 11%、嘉定区 9.8%、宝山区 8.9%、青浦区 8.9%、奉贤区 8.2%、金山区 3.8%、崇明区 3%。市区开发建设较少，杨浦区 2.4%、长宁区 1.8%、静安区 1.4%、徐汇区 1.4%、普陀区 1.4%、虹口区 1.3%、黄浦区 0.6%。大部分装配式建筑分布在郊区或者城郊结合区，浦东新区新建装配式建筑总量连年均占全市首位。

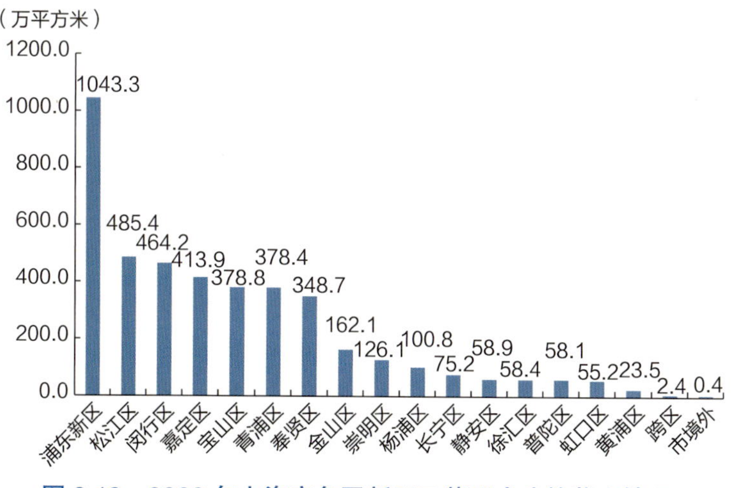

图 2-10　2020 年上海市各区新开工装配式建筑落实情况

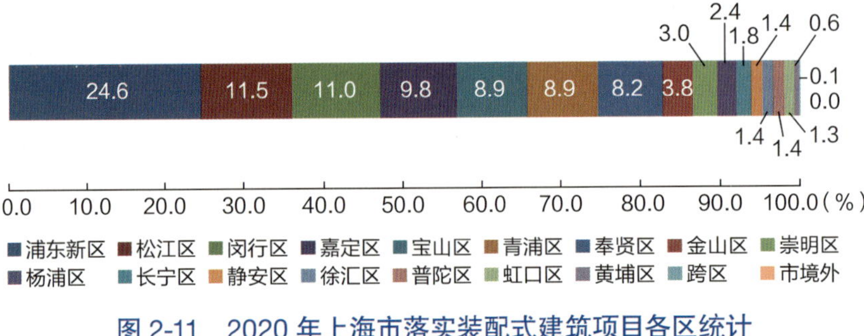

图 2-11　2020 年上海市落实装配式建筑项目各区统计

新开工装配式建筑预制率大于 40% 的项目占比约 90%，高于上年的 88.2%。随着《上海市装配式建筑单体预制率和装配率计算细则》的执行，符合预制率 40% 或装配率 60% 要求的项目逐步开工，全市范围内装配式建筑新开工项目占比将越来越高。

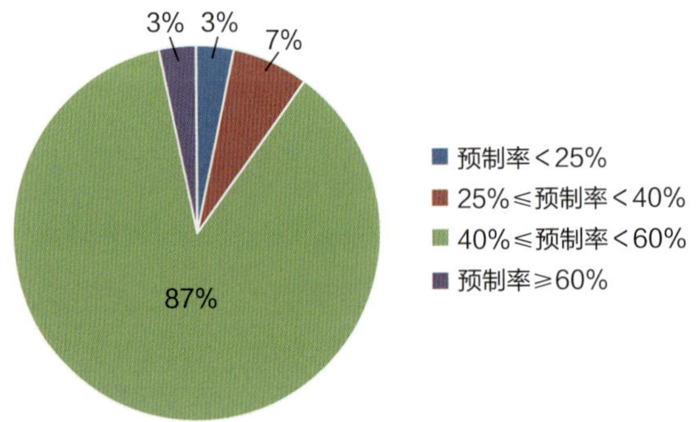

图 2-12　2020 年上海市新开工装配式建筑项目单体预制率占比

在政策驱动和市场的引领下，上海市装配式建筑的设计、生产、施工、装修等相关产业能力快速提升，同时还带动了构件运输、装配安装、构配件生产等新型专业化公司发展。2020 年，上海市新增装配式建筑产业基地 9 个，5 个装配式项目入选“住房和城乡建设部科学计划项目”。截至 2020 年底，上海市 12 家企业获批国家级装配式建筑示范产业基地，21 家企业获批上海市装配式建筑示范产业基地，共有 33 个上海市装配式项目入选“住房和城乡建设部科学技术项目计划”，64 个项目入围上海市建设协会评选的“上海市装配式建筑示范项目”。

2020年，上海市装配式建筑高质量发展保障体系日趋成熟。上海市住房和城乡建设管理委员会修订发布的《上海市装配式建筑单体预制率和装配率计算细则》，从2020年起开始实施，进一步规范了装配式建筑单体预制率和装配率的计算口径，并鼓励推广集成技术应用，解决门窗、墙体渗水、外保温等建筑质量通病问题。2020年1月8日，上海市住房和城乡建设管理委员发布《上海市装配整体式混凝土建筑防水技术质量管理导则》，进一步提高装配式整体式混凝土建筑防水质量总体水平。此外，制定并发布《上海市建筑节能和绿色建筑示范项目专项扶持办法》《关于推进本市超低能耗建筑发展的实施意见》《上海市禁止或者限制生产和使用的用于建设工程的材料目录（第五批）》，进一步提高建筑健康舒适水平和能源资源利用效率，推进生态文明建设。

（二）绿色建筑①

2020年，上海市新建建筑继续执行100%的绿色建筑标准，要求建筑工程在设计阶段应全面满足绿色建筑的设计要求，在建筑施工图审图中执行绿色建筑专项审核制度。绿色建筑施工图审图总体规模达到4411万平方米，获得绿色建筑评价标识项目共152个，建筑面积1570万平方米。截至2020年底，上海市累计获得绿色建筑标识项目总数量874个，建筑面积8051万平方米。其中，设计评价标识项目823个，建筑面积7454万平方米；运行评价标识的项目49个，建筑面积591万平方米。2020年新国标执

① 本部分数据来源：《上海市绿色建筑发展报告2020》。

行之后，上海市获得绿色建筑竣工标识项目 2 个，建筑面积 7 万平方米。

在绿色建筑运行发展推进方面，2020 年，取得绿色建筑运行评价标识项目 9 个，建筑面积占年度项目总量的 18%。“十三五”期间，共有 5 个住宅项目获得绿色建筑运行评价标识。

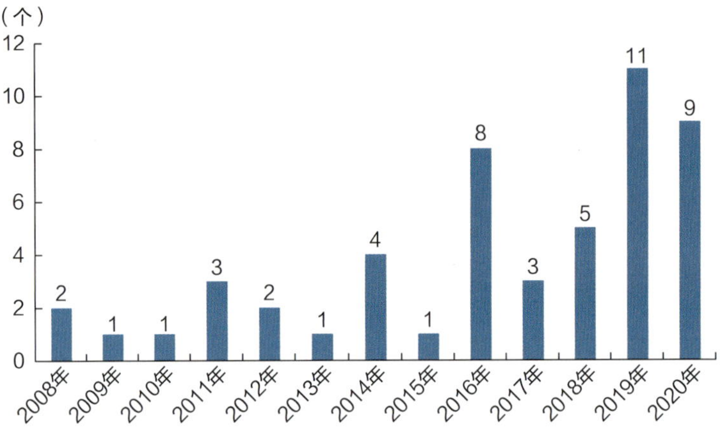

图 2-13　上海市绿色建筑运行标识项目历年发展情况

2020 年，上海市获得绿色建筑运行标识项目中，三星级项目 8 个、二星级项目 1 个，三星项目占比近 89%。三星级项目年度项目数首超二星，高星级项目占比逐步增加。

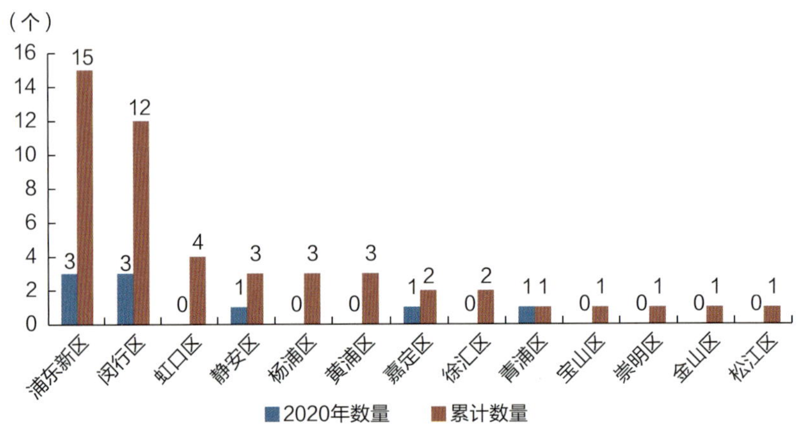

图 2-14　上海市各区累计绿色建筑运行标识发展情况

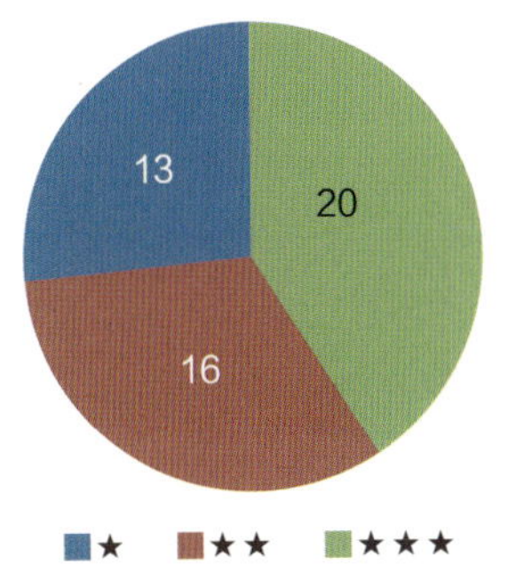

（a）2008—2020 年运行标识项目

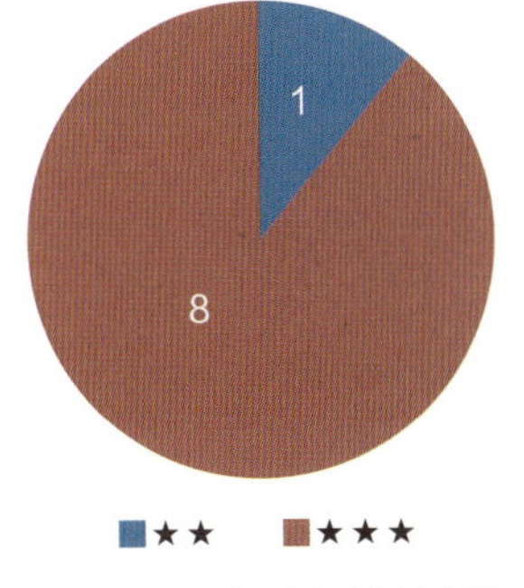

（b）2020 年度运行标识

图 2-15　上海市 2008—2020 年及 2020 年度运行标识项目星级结构

2020 年，上海市公共建筑类型呈现多样化发展的态势，除了历年以办公建筑为主的特征外，还涉及会展、医院、商业等多种类型的建筑，住宅建筑更是实现了三星级运行标识项目零的突破。

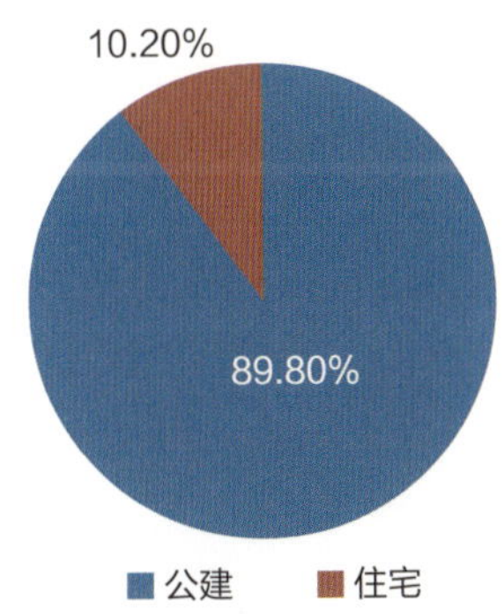

图 2-16　上海市 2008—2020 年运行标识项目建筑类型结构

专栏2-1　上海三湘海尚福邸项目

2020 年，三湘海尚福邸项目顺利通过专家评审，成为上海市第一个达到绿色三星运行标识的住宅项目，实现了零的突破。

一、基本情况

项目位于上海浦东新区张江镇，项目地块建设 6 栋住宅为 17—18 层住宅，住宅建筑面积为 59168.6 平方米。

二、技术特点

该项目遵循的技术体系可概括为：被动节能、主动增能、健康智能。结合项目所在地区的地理气候特点，坚持绿色、健康、智能的技术体系，注重设计、施工、运营管理三个阶段的统筹管理，全面推行绿色、健康建筑标准，全力营造健康、舒适、智能的人居环境。

三、技术措施

项目采用太阳能热水系统、可调节外遮阳，室内地面送风与地板采暖。此外，设置能源、环境监控管理系统，通过对项目的能耗、水耗、可再生能源、空气质量等能源与环境数据进行采集、分析、处理，实现对能源系统使用情况和室内环境的全方位监测和管理。

图 2-17　太阳能热水及可调节外遮阳实景图

图 2-18　室内地面送风实景图

图 2-19　室内地板采暖示意图

图 2-20　智能家居中控实景图

图 2-21 智能系统操作主界面

在绿色生态城区创建方面，截至 2020 年底，上海市已创建或梳理储备的绿色生态城区共计 41 个，总用地规模约为 124 平方公里。已获得绿色生态城区示范试点的项目共有 8 个，用地规模共有 28.4 平方公里。其中，虹桥商务区（核心区）已经创建绿色生态城区示范项目，并获得国家三星级绿色生态运营城区称号。另外，还有 4 个项目获得三星级试点称号、3 个项目获得二星级试点称号。

专栏2-2 西岸传媒港和西岸智慧谷项目

西岸传媒港和西岸智慧谷项目（简称西岸城区）位于徐汇区东南部滨江地带，周边有多条已建和在建轨道交通，交通区位优越。项目于 2020 年 12 月通过上海市绿色生态城区三星级技术审查，并于 2021 年 6 月获得上海市绿色生态城区三星级试点项目称号。该项目的特色如下：

一、链接历史，工业转型更新再现价值。随着城市更新的推进，黄浦江两岸沿线贯通，徐汇滨江城区亟待转型。规划以历史留存的老厂房、仓库码头为载体，启动对老区的保护更新利用，使其再现价值，赋予工业遗存全新的活力，对区域功能进行转型升级，打造为艺术传媒、科技金融和人工智能三大产业互为支撑的新市中心。

二、链接自然，空间提质尽显开放亲民。规划依托黄浦江两岸联动开发契机，打造最美的公共开放空间，改造亲水岸线 3.6 千米、建设开放空间 30 公顷，全面实现还江于民，打造成为上海市中心唯一的一条“驱车看江景”景观大道，助力西岸成为世界级的卓越水岸。

三、链接生活，资源利用注重绿色高效。开展城市地下综合管廊的建设实践；打造传媒港立体交通，构建二层交通平台构建；规划建设绿色建筑全覆盖。二星级及以上新建绿色建筑达 80%，应用 BIM 技术，建立分布式能源中心，实行合同能源管理，打造体现绿色高效集约理念的时尚城市片区。

四、链接未来，智慧高地实现精细管理。规划以国际人工智能中心为核心的西岸智慧谷产业和企业集聚，推进智慧场景应用，打造智能生活、智慧社保、智慧养老、智慧服务、智慧旅游、智慧一卡通工程建设，打造集总部办公、国际交流、应用展示、研发转化为一体的综合型地标。

五、链接世界，艺术集聚铸就文化长廊。规划通过城市空间、文化活动及艺术服务平台等方式，与世界艺术接轨，打造亚洲集聚度最高的文化艺术版图，打造最具艺术浓度的城区。打造三大自有品牌：西岸音乐节、西岸建筑与当代艺术双年展、西岸艺术与设计博览会。举办两大文化艺术季，与法国蓬皮杜艺术中心、香港西九龙文化区建立艺术合作关系；举办各类文化艺术活动。

在超低能耗建筑推进方面，上海市进一步推动超低能耗建筑的示范落地，相继发布了一系列推进与支持政策。2020 年 10 月，上海市住房和城乡建设管理委员会、上海市规划和自然资源局发布《关于推进本市超低能耗建筑发展的实施意见》，提出大力推进上海市超低能耗建筑发展，形成系统的超低能耗建筑政策和技术体系，打造一批超低能耗示范项目。同时明确对符合超低能耗建筑示范项目，给予财政补贴；对符合要求的超低能耗建筑给予容积率奖励。2020 年 12 月，上海市发展和改革委员会发布了《上海市绿色发展行动指南》（2020 版），提出打造超能耗建筑、近零能耗建筑。

在建筑能耗监测方面，2020 年新增 237 栋公共建筑，建筑规模达到 972 万平方米，完成分项计量安装成功接入能耗监测平台，实现数据联网。其中大型公共建筑 243 栋，建筑面积为 1003 万平方米。截至 2020 年底，上海市累计共有 2017 栋公共建筑完成用能分项计量装置的安装并实现与能耗监测平台的数据联网，覆盖建筑面积 9208 万平方米。其中，国家机关办公建筑 200 栋，占监测总量的 9.9%，覆盖建筑面积 369 万平方米；大型公共建筑 1817 栋，占监测总量的 90.1%，覆盖建筑面积 8839 万平方米。“十三五”期间，能耗监测平台新增联网建筑共计 729 栋，新增建筑面积近 3500 万平方米。

2020 年与能耗监测平台联网的公共建筑年总用电量约为 85.5 亿千瓦时，折合碳排放量约为 673.7 万吨。按不同类型建筑分别统计，办公、商场、综合与旅游饭店等用电总量较大，依然是用电消耗主力，四类建筑用电量占总量的 82.3%。

从各类建筑类型用能水平分析，医疗卫生建筑用电强度最高，其次是商场建筑。文化建筑、体育建筑和其他建筑因上传数据样本量有限，用电量数据仅供参考。

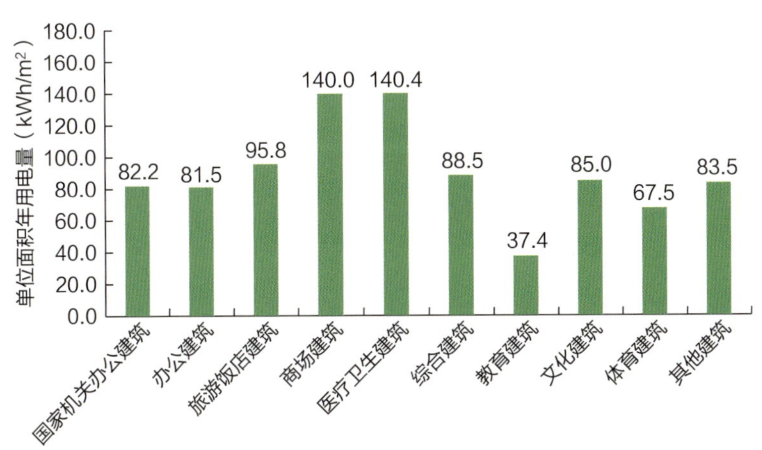

图 2-22　2020 年上海市建筑能耗监测平台联网的各类型公共建筑年用电强度情况

第三章　房地产市场发展

上海市始终践行“以人民为中心”的重要理念，统筹做好防疫情、控风险、促发展和稳市场的工作。随着疫情防控形势的好转及各项稳定市场的措施显现成效，2020 年，上海市房地产市场总体保持平稳健康发展，住房租赁市场风险得到有效化解，房产权籍测绘管理工作有序开展。

2020 年，上海市房地产开发投资保持稳定，新建商品住房供需基本平衡；二手存量住房成交面积有所增加；商品住房价格增速符合市场调控的预期目标，价格保持基本稳定。新建办公用房市场和新建商业用房市场受新冠肺炎疫情影响，上市规模和销售规模较上年均有一定的减少。

一、土地市场①

（一）土地供应②

从供应规模来看，2020 年，上海市土地市场共推出地块 377 幅，比上年增长 14.2%；土地供应面积为 1726.4 公顷，比上年增长 17.6%；规划建筑面积为 3333.3 公顷，比上年增长 21.1%。2020 年，上海市供地幅数和面积较上年均有所上升，土地供应规模为近五年最高值。

---

① 数据来源：上海市中指研究院。

② 2020 年，受新冠肺炎疫情影响，上海市土地供应和成交规模的增长点主要集中在商业服务用地。

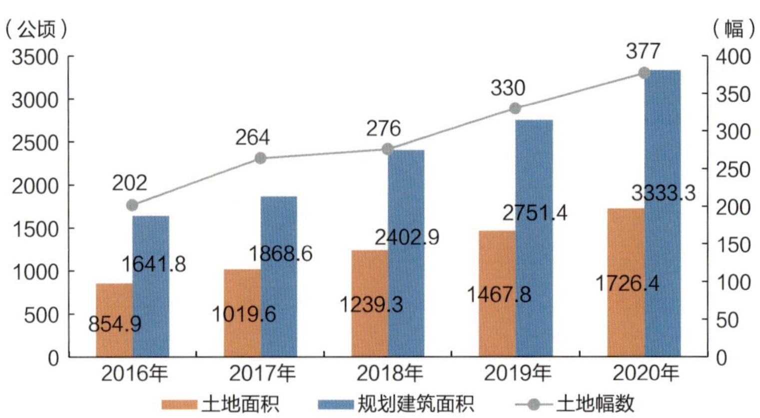

图 3-1　2016—2020 年上海市土地供应幅数及面积

从成交规模来看，受供地增加的影响，2020 年，上海市土地成交量有所上升。共成交地块 378 幅，比上年增长 20.4%；成交土地面积为 1750 公顷，比上年增长 28.2%；规划建筑面积为 3381.8 公顷，比上年增长 32.5%。2020 年土地成交幅数和成交面积为近五年最高水平。

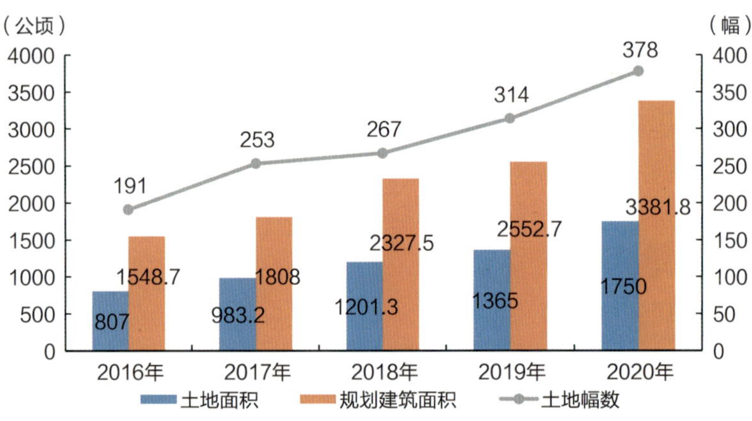

图 3-2　2016—2020 年上海市成交土地幅数及面积

从成交土地用途结构来看，2020 年，上海市成交住宅用地面积占总用地面积的比重达到 41.3%，为 2020 年出让面积最多的用地类型；工业用地位居其次，占比为 31.5%；商服用地占比为 21.4%；其他用地占比为 5.8%。

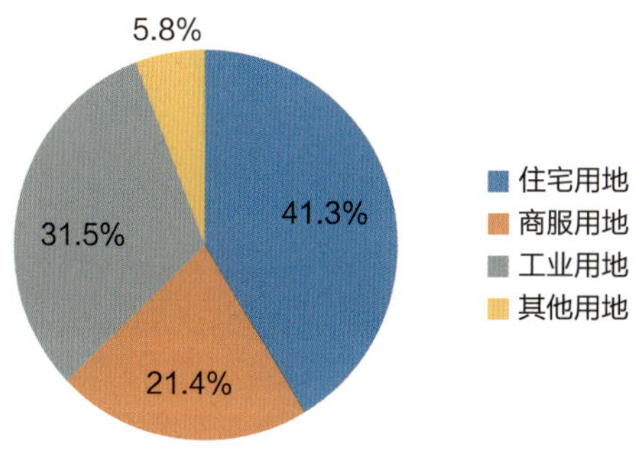

图 3-3 2020 年上海市成交各类用地面积占比

从成交土地区域分布来看，2020 年，上海市成交的土地主要集中在郊区，中心城区成交的土地仅占成交总量的 6.1%。其中，浦东新区成交土地最多，成交量超过 500 公顷；崇明区、青浦区成交量介于 200 公顷至 250 公顷之间；松江区、奉贤区、宝山区、闵行区、嘉定区成交量介于 100 公顷至 200 公顷之间；金山区成交量介于 50 公顷至 100 公顷之间；徐汇区、普陀区、静安区、杨浦区、长宁区、虹口区、黄浦区等七个中心城区的成交量普遍低于 40 公顷。

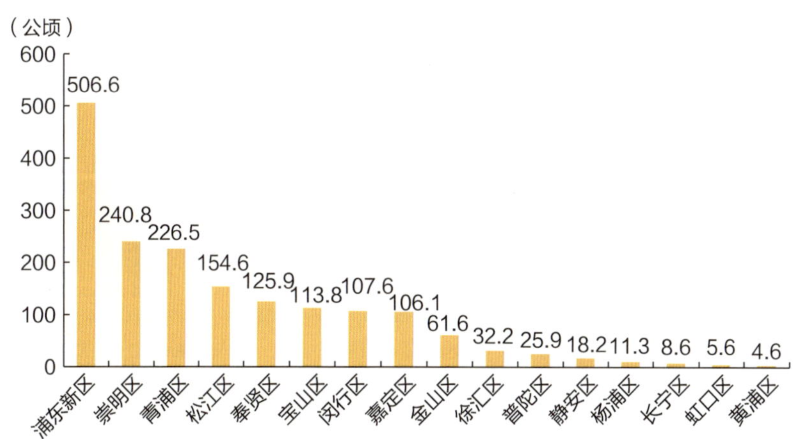

图 3-4 2020 年上海市各区成交土地面积

从土地出让收入来看，2020 年，上海市土地出让收入为 2952.4 亿元，比上年增长 47.6%，为近五年最高值。①

① 2020 年，上海市热点优质地块的供应增多，土地市场热度上涨。

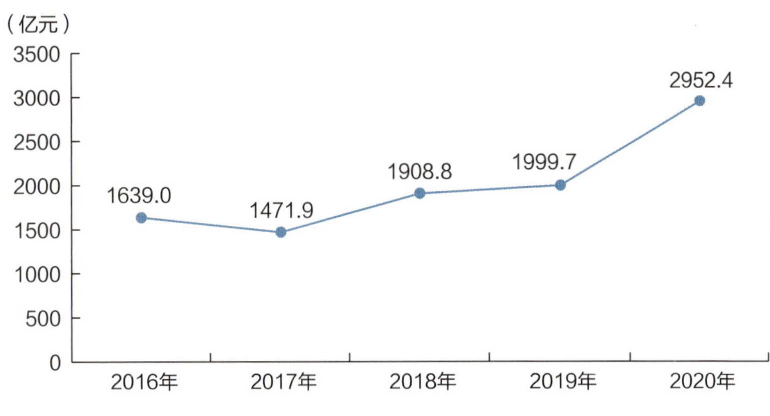

图 3-5　2016—2020 年上海市土地出让收入

（二）住宅用地①

从供应规模来看，2020 年，上海市住宅用地供应幅数为 154 幅，比上年减少 15.4%；供应土地面积为 738.1 公顷，比上年减少 11.9%；规划建筑面积为 1428.7 公顷，比上年减少 9.4%。

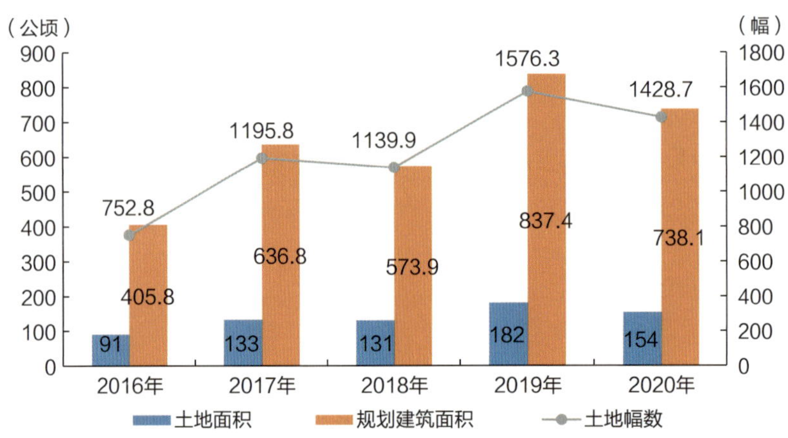

图 3-6　2016—2020 年上海市住宅用地供应量

从成交规模来看，2020 年，上海市住宅用地成交幅数为 156 幅，比上年减少 10.3%；成交土地面积为 765.8 公顷，比上年减少 0.5%；规划建筑面积为 1490.6 公顷，比上年增长 3.1%。

① 包含纯住宅及含住宅的综合性用地。

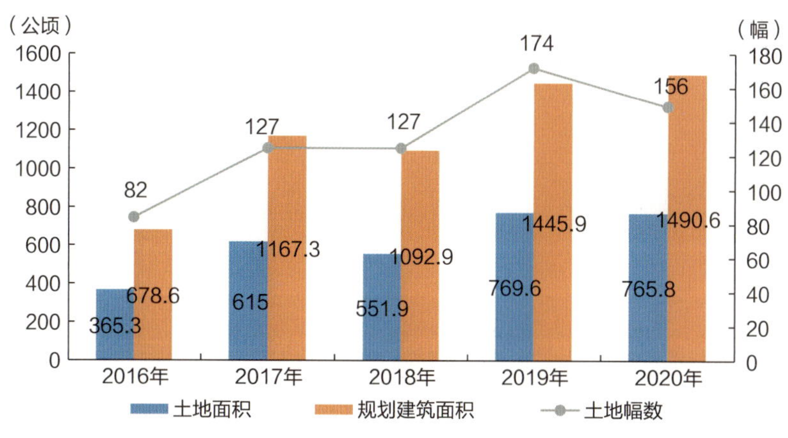

图 3-7　2016—2020 年上海市住宅用地成交量

从成交土地区域分布来看，2020 年，上海市新增住宅用地最多的区域排名前三的依次为浦东新区、青浦区、崇明区，且成交住宅用地面积总和占上海市住宅用地成交总量的 49.6%。徐汇区、静安区、普陀区、杨浦区、虹口区、黄浦区的成交总面积占上海市住宅用地成交量仅为 8.9%。此外，长宁区无住宅用地成交。

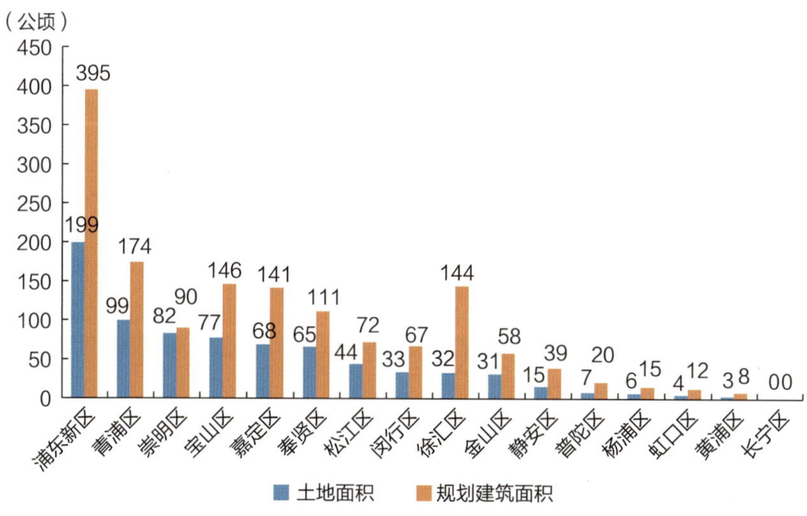

图 3-8　2020 年上海市各区住宅用地成交量

从成交价格来看，2020 年，上海市住宅用地成交楼面均价为 15526 元 / 平方米，比上年增长 42.2%。

图 3-9　2016—2020 年上海市住宅用地成交楼面均价及溢价率

从各区成交价格来看，2020 年，上海市住宅用地成交楼面均价前两位的为杨浦区和虹口区，静安区位居第三。

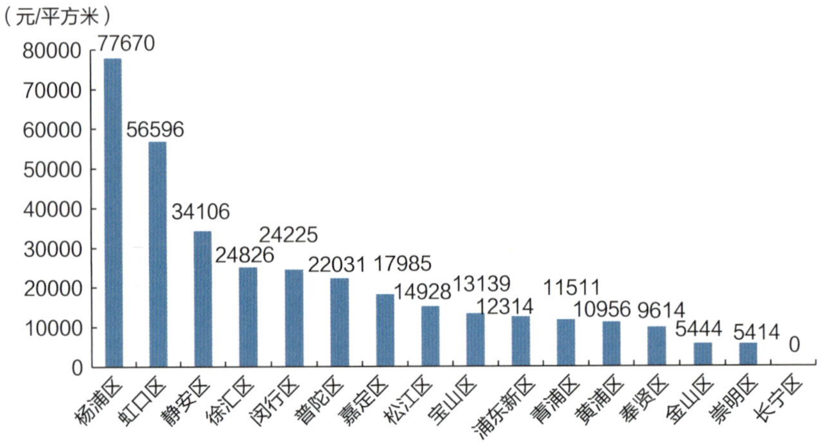

图 3-10　2020 年上海市各区住宅用地成交楼面均价

从各区土地溢价情况来看，2020 年，上海市住宅用地平均溢价率最高的区为闵行区，为 29.98%；杨浦区、嘉定区、虹口区的平均溢价率均超过 20%；浦东新区、普陀区、青浦区、松江区的平均溢价率均位于 10% 至 15% 之间；崇明区、奉贤区的平均溢价率位于 5% 至 10% 区间；宝山区的平均溢价率约为 1%。

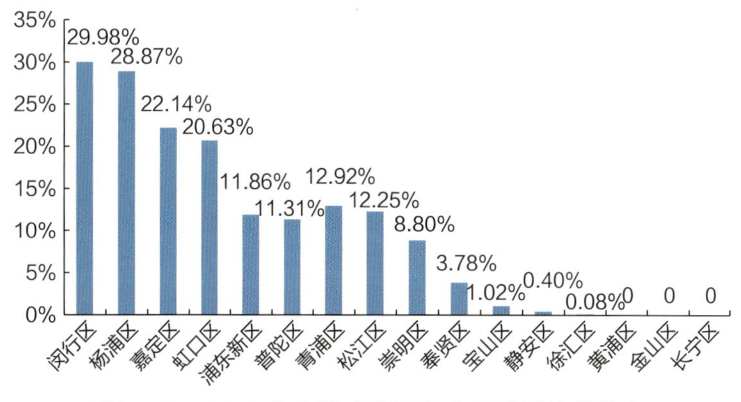

图 3-11 2020 年上海市各区住宅用地平均溢价率

（三）商业服务用地①

从供应规模来看，2020 年，上海市商服用地供应幅数为 83 幅，比上年增长 84.4%；供应土地面积为 192.2 公顷，比上年增长 132.1%；规划建筑面积为 452.6 公顷，比上年增长 102%。2020 年商服用地供应量为近五年最高值。

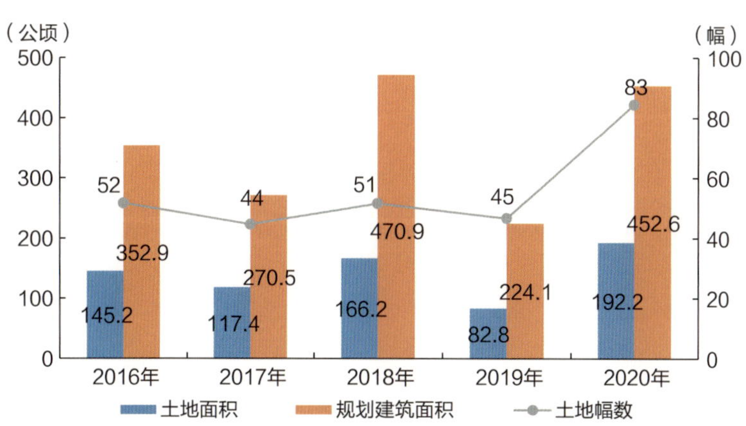

图 3-12 2016—2020 年上海市商服用地供应量

从成交规模来看，2020 年，上海市商服用地成交幅数为 81 幅，比上年增长 84.1%；成交土地面积为 183.3 公顷，比上年增长 122.2%；规划建筑面积为 433.8 公顷，比上年增长 94.6%。2020 年商服用地成交量为近五年最高值。

① 商业服务用地包含商业、办公用地。

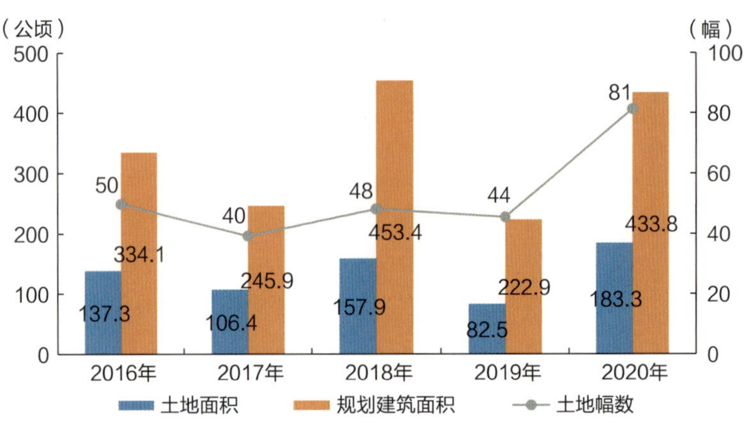

图 3-13　2016—2020 年上海市商服用地成交量

从成交土地区域分布来看，2020 年，上海市长宁区、普陀区、杨浦区、静安区、黄浦区、虹口区等中心城区的新增商服用地面积占上海市新增商服用地成交总量的比重仅为 14.5%。2020 年，上海市新增商服用地面积前三位的区依次是浦东新区、青浦区、奉贤区，成交土地面积分别为 43 公顷、39 公顷、21 公顷；闵行区、崇明区成交商服用地面积在 20 公顷及以下；嘉定区、长宁区、松江区、普陀区、杨浦区成交商服用地面积在位于 5 公顷至 10 公顷之间；静安区、金山区、黄浦区、虹口区成交商服用地面积在位于 1 公顷至 5 公顷之间；宝山区成交量最小，仅接近 1 公顷。此外，徐汇区无商

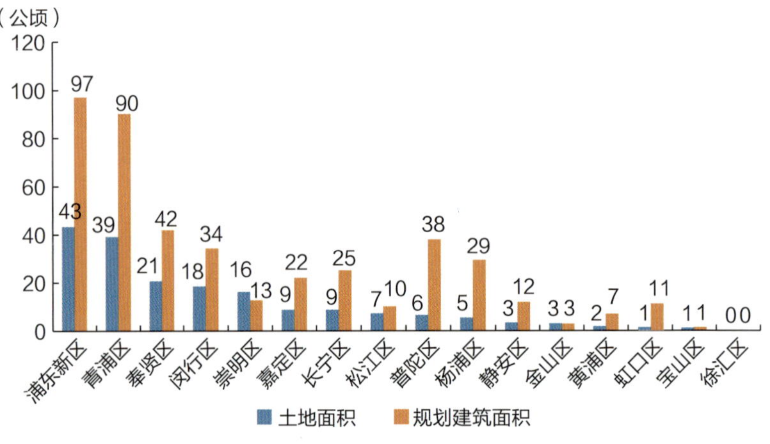

图 3-14　2020 年上海市各区商服用地成交量

服用地成交。

从成交价格来看，2020 年，上海市商服用地成交楼面均价为 12080 元 / 平方米，比上年减少 3.9%；平均溢价率为 0.55%，比上年减少 94.5%。

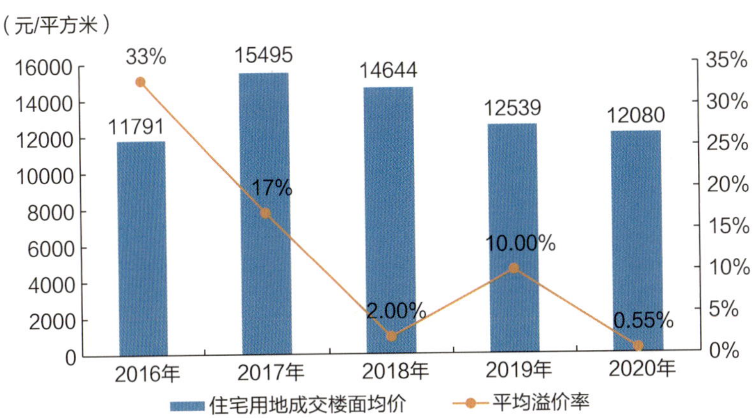

图 3-15　2016—2020 年上海市商服用地成交楼面均价及溢价率

从各区成交价格来看，黄浦区商服用地成交楼面均价最高，为 59855 元 / 平方米；奉贤区的商服用地成交楼面均价最低，为 3369 元 / 平方米。

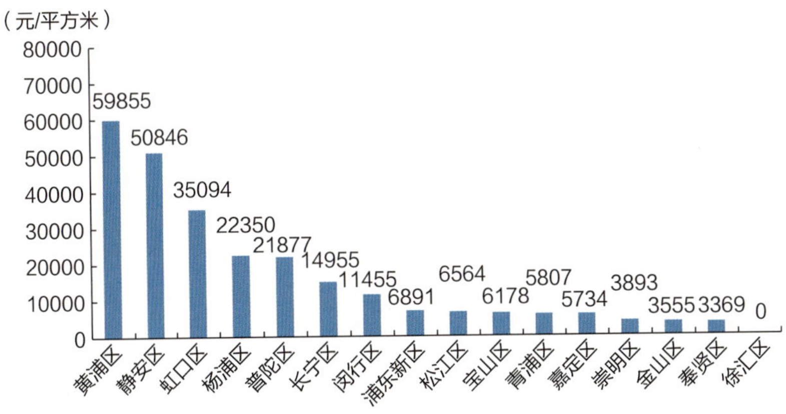

图 3-16　2020 年上海市各区商服用地成交楼面均价

从各区土地溢价程度来看，2020 年，上海市商服用地以底价成交为主。松江区为 2020 年上海市商服用地平均溢价率最高的区，溢价率达到 10.2%；其次为嘉定区，平均溢价率超过 6%；浦东新区、闵行区商服用地略有溢价。黄浦区、静安区、虹口区、杨浦区、普陀区、长宁区、青浦区、崇明区、宝山区、金山区、奉贤区的商服用地均为底价成交。

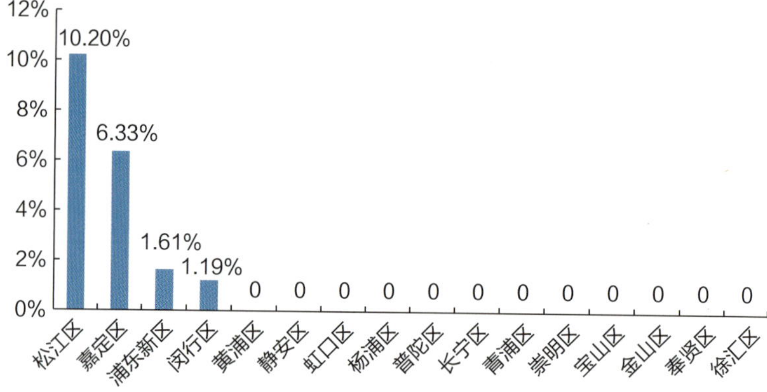

图 3-17　2020 年上海市各区商服用地平均溢价率

二、商品房市场

（一）商品房市场整体情况

● 1. 新建商品房市场 ●

2020 年，上海市新建商品房（不包括保障性住房）销售面积为 1212 万平方米，比上年增长 10.08%。

表 3-1　2016—2020 年上海市新建商品房销售面积及增幅

（单位：万平方米；%）

	2016 年	2017 年	2018 年	2019 年	2020 年
上海市新建商品房销售面积	2233	1031	1066	1101	1212
上海市新建商品房销售面积增幅	12.43	–53.82	3.40	3.28	10.08

数据来源：上海市房地产交易中心。

从 2020 年上海市新建商品房的销售性质结构来看，住房占比为 66.54%，销售量比上年增长 14.16%；办公用房占比为 9.46%，销售量比上年增长 7.7%；商业用房占比为 7.04%，销售量比上年减少

10.06%；其他性质的新建商品房销量占比为 16.96%，销售量比上年增长 6.24%。

表 3-2　2016—2020 年上海市各类商品房销售面积占比

（单位：%）

	2016 年	2017 年	2018 年	2019 年	2020 年
住房	58.15	55.90	55.23	64.15	66.54
办公	18.69	10.59	12.08	9.67	9.46
商业	10.08	11.64	11.92	8.61	7.04
其他	13.07	21.87	20.77	17.57	16.96

数据来源：上海市房地产交易中心。

● 2. 存量商品房市场 ●

2020 年，上海市存量商品房市场的活跃度提高，存量商品房交易规模为 2495.43 万平方米，比上年增长 19.95%。其中，存量住房成交面积为 2246.23 万平方米，比上年增长 24.37%。新冠肺炎疫情得到有效控制后，被积压的购房需求逐步释放，存量商品房交易量上升，为近四年最高。

表 3-3　2016—2020 年上海市存量商品房交易规模

（单位：万平方米；%）

	2016 年	2017 年	2018 年	2019 年	2020 年
存量房交易面积	3559.17	1509.82	1513.46	2080.44	2495.43
存量房交易面积增幅	6.50	–57.58	0.24	37.46	19.95
存量住房交易面积	3160.66	1179.18	1229.65	1806.07	2246.23
存量住房交易面积增幅	4.16	–62.69	4.28	46.88	24.37

数据来源：上海市统计局。

（二）商品住房市场

● 1. 新建商品住房市场 ●

（1）年度情况

2020 年，上海市上市新建商品住房为 64361 套，比上年减少 9.05%。

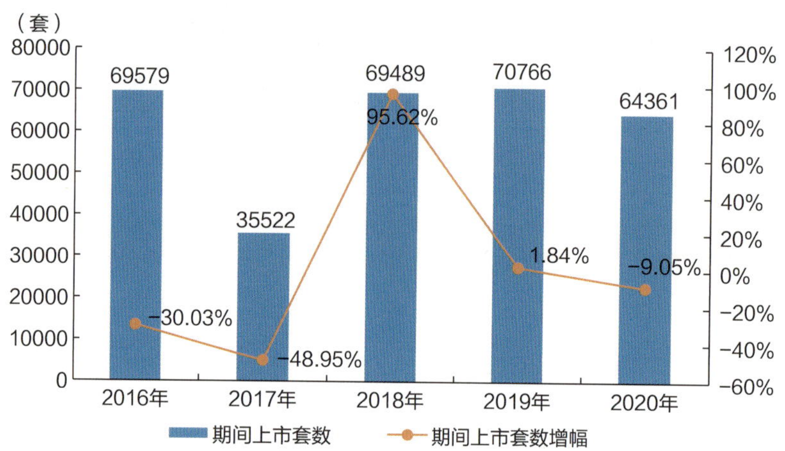

数据来源：上海市房地产交易中心。

图 3-18　2016—2020 年上海市新建商品住房供应套数及增幅

2020 年，上海市新建商品住房销售面积为 806 万平方米，销售套数为 69805 套，比上年增长 14.89%。

表 3-4　2016—2020 年上海市新建商品住房销售面积、套数与套均面积

（单位：万平方米；套；平方米 / 套）

	2016 年	2017 年	2018 年	2019 年	2020 年
新建商品住房销售面积	1299	576	589	706	806
新建商品住房销售套数	103374	47768	49767	60758	69805
新建商品住房销售单套面积	126	121	118	116	115

数据来源：上海市房地产交易中心。

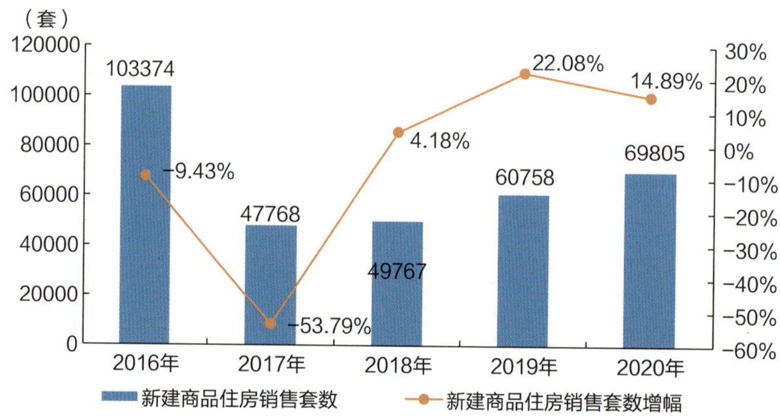

数据来源：上海市房地产交易中心。

图 3-19　2016—2020 年上海市新建商品住房销售套数及增幅

2020年，上海市当年销售套数/当年上市套数比值为1.08，当年销售套数/（期初可售+期内上市套数）为0.56，都略高于上年。

表3-5　2016—2020年上海市新建商品住房供求对比情况

年份	期间上市套数	期初可售套数	新建商品住房销售套数	销售套数/上市套数	销售套数/（期初可售+上市套数）
2016	69579	71821	103374	1.49	0.73
2017	35522	43343	47768	1.34	0.61
2018	69489	32362	49767	0.72	0.49
2019	70766	51876	60758	0.86	0.50
2020	64361	60887	69805	1.08	0.56

数据来源：上海市房地产交易中心。

根据国家统计局发布的数据显示，2020年，上海市新建商品住房销售价格指数为156（2015年=100），比上年增长4.21%。

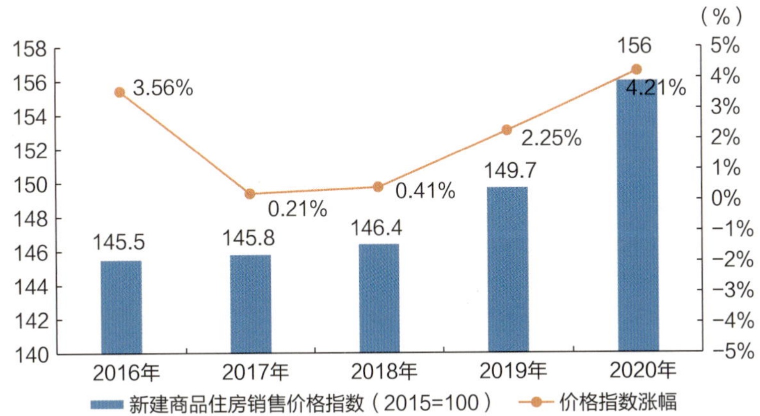

数据来源：国家统计局。

图3-20　2016—2020年上海市新建商品住房销售价格指数

2020年，上海市新建商品住房年末可售套数为55868套。以2016年至2020年5年的年均销售规模计算，存量消化周期为10.1个月；年末可售面积为699万平方米，存量消化周期为10.5个月。

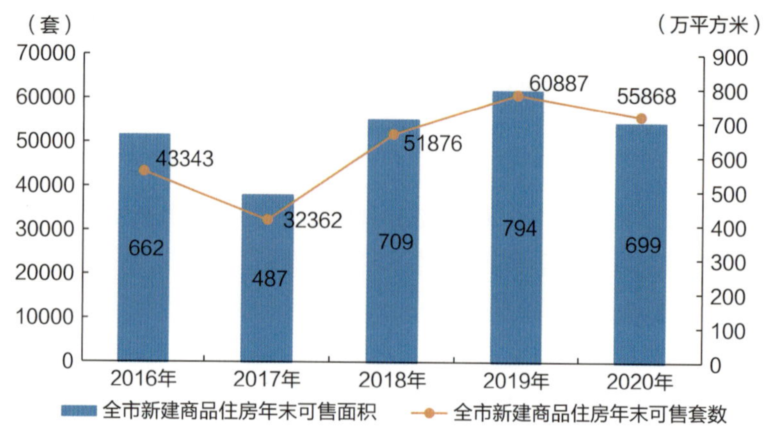

数据来源：上海市房地产交易中心。

图 3-21　2016—2020 年上海市新建商品住房年末可售面积与套数

从新建商品住房区际销售结构来看，2020 年，上海市销售占比最高的五个区依次为浦东新区、青浦区、奉贤区、宝山区和嘉定区。

表 3-6　2016—2020 年上海市新建市场化商品住房销售套数结构—区际

（单位：%）

	2016 年	2017 年	2018 年	2019 年	2020 年
黄浦区	1.67	0.97	1.25	1.61	1.24
徐汇区	1.34	1.36	1.04	1.13	2.54
长宁区	0.39	0.09	0.09	0.09	0.15
静安区	2.52	1.67	3.76	2.12	2.60
普陀区	1.72	2.23	2.15	2.72	3.75
虹口区	0.94	0.53	0.45	0.80	1.44
杨浦区	0.88	0.44	2.65	2.11	0.93
宝山区	7.49	11.56	8.18	9.39	9.28
闵行区	6.84	3.53	5.83	6.45	7.79
嘉定区	14.31	16.90	13.62	10.81	9.08
浦东新区	20.23	20.27	19.79	20.87	21.35
奉贤区	10.21	7.98	10.29	11.99	9.98
松江区	13.08	11.56	9.50	10.00	9.03
金山区	6.97	5.95	3.85	3.75	6.79
青浦区	9.66	13.58	12.24	12.97	10.90
崇明区	1.75	1.39	5.30	3.17	3.13
合　计	100.00	100.00	100.00	100.00	100.00

数据来源：上海市房地产交易中心。

从新建商品住房销售的环线结构来看，2020 年，上海市内环内和外环外的销售比例都略高于上年，分别为 6.41% 和 77.84%；内外环间销售占比低于上年，为 15.75%。

表 3-7　2016—2020 年上海市新建市场化商品住房销售套数结构—环线

（单位：%）

	2016 年	2017 年	2018 年	2019 年	2020 年
内环内	6.80	3.77	5.03	5.84	6.41
内外环间	11.55	16.51	21.36	16.48	15.75
外环外	81.66	79.72	73.61	77.67	77.84
合　计	100.00	100.00	100.00	100.00	100.00

数据来源：上海市房地产交易中心。

从新建商品住房销售的面积结构来看，2020 年，上海市 90—140 平方米为需求量最高的面积户型，占比为 57.91%；140 平方米以上的住房占比为 15.78%；90 平方米以下的住房占比为 26.31%。

从新建商品住房销售的性质结构来看，2020 年上海市公寓的销售量占比最高，为 92.84%。

（2）月度情况

从 2020 年新建商品住房销售的月度情况来看，2 月份的成交规模为全年最低，随着疫情得到有效缓解和逐步复工复产，上海市的

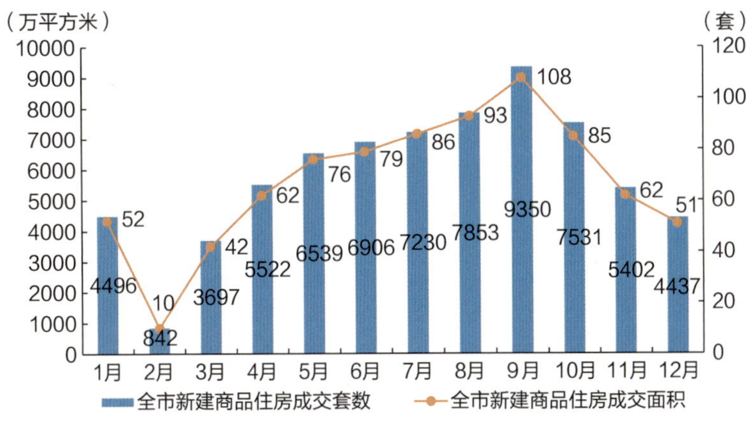

数据来源：上海市房地产交易中心。

图 3-22　2020 年上海市各月新建商品住房销售套数与面积

楼市逐渐回暖，成交规模稳步上升，在9月份达到全年最高，之后整体成交规模逐步回稳至年初水平。

从2020年上海市新建商品住房销售的月度供求对比来看，月度成交套数/月初可售套数比例在9月份达到最高，之后整体处于下滑态势。相比上年各月的供求比例（在0.05—0.11之间），2020年的供求比例整体略有上升。

表3-8　2020年上海市新建商品住房销售月度供求对比情况

	上海市新建市场化商品住房月初可售套数	上海市新建市场化商品住房月度成交套数	月度成交套数/月初可售套数
1月	60887	4496	0.07
2月	57506	842	0.01
3月	56619	3697	0.07
4月	55286	5522	0.10
5月	58397	6539	0.11
6月	55814	6906	0.12
7月	55223	7230	0.13
8月	52437	7853	0.15
9月	56112	9350	0.17
10月	58530	7531	0.13
11月	56928	5402	0.09
12月	53358	4437	0.08

数据来源：上海市房地产交易中心。

根据国家统计局发布的数据显示，2020年，从上海市新建商品

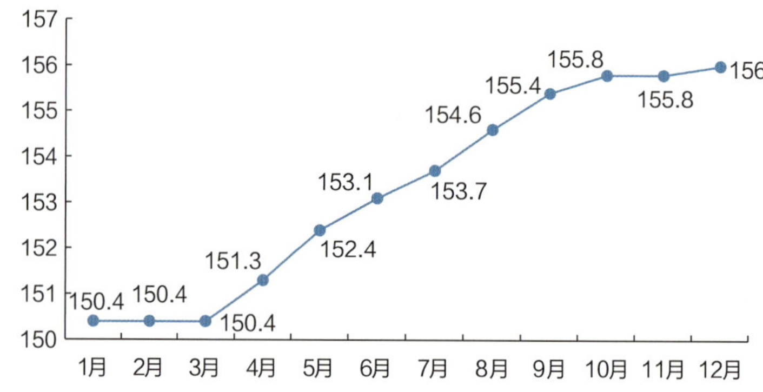

数据来源：国家统计局。

图3-23　2020年上海市各月新建商品住房销售价格指数

住房销售价格指数各月度的情况来看，年初整体的价格指数保持平稳态势，从4月份起稳步上升至年末。

● 2. 存量住房●

从存量住房的年初网上挂牌套数来看，2020年，上海市挂牌规模为61637套，比上年减少11.86%。

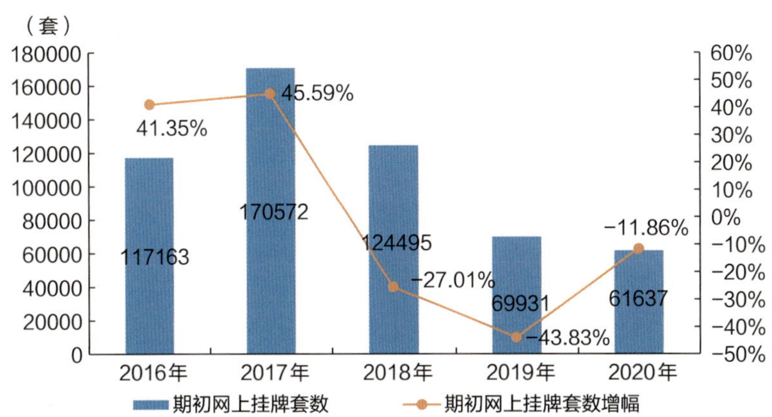

数据来源：上海市房地产交易中心。

图3-24　2016—2020年上海市存量住房年初网上挂牌套数及增幅

2020年，上海市存量住房成交规模为274686套，比上年增长19%。

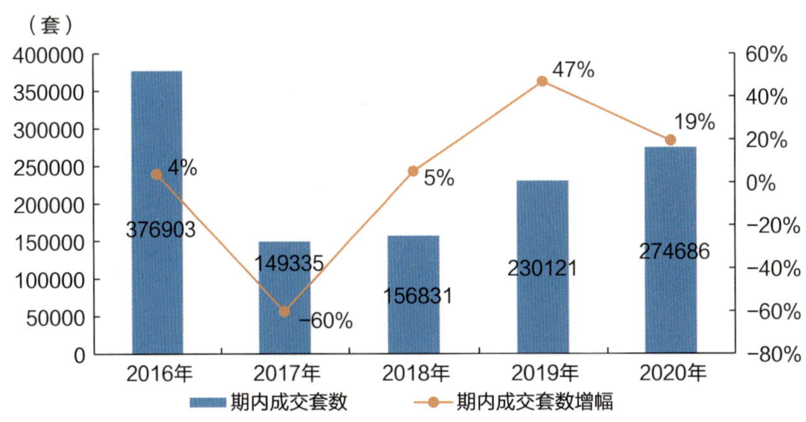

数据来源：上海市房地产交易中心。

图3-25　2016—2020年上海市存量住房成交套数与增幅

从存量住房成交供求对比来看，2020年，上海市期内成交套数/

期初挂牌套数比为4.46，较上年有所上升。

表3-9 2016—2020年上海市存量住房成交的供求对比

（单位：套）

	2016年	2017年	2018年	2019年	2020年
期初网上挂牌套数	117163	170572	124495	69931	61637
期内成交套数	376903	149335	156831	230121	274686
期内成交 / 期初挂牌	3.22	0.88	1.26	3.29	4.46

数据来源：上海市房地产交易中心。

2020年，上海市存量住房成交价格定基指数为148.1（2015＝1000），比上年增长6.32%。

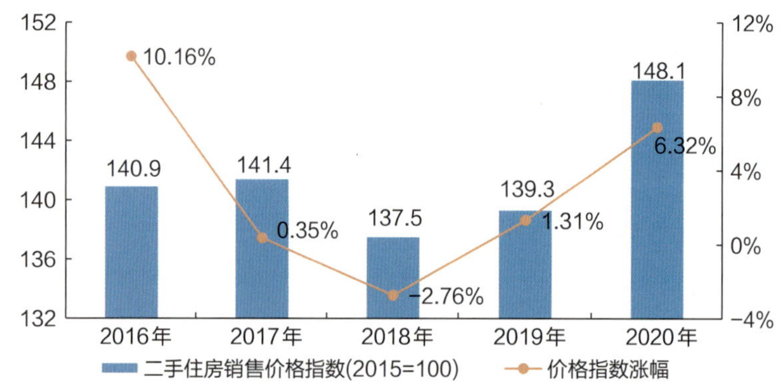

数据来源：国家统计局。

图3-26 2016—2020年上海市二手住房销售价格指数与涨幅

从存量住房成交套数的各个环线比例来看，2020年，上海市外环外占比最高，为50%，与上年基本持平；内外环间占比略有减少，为36.88%；内环内成交占比略有增长，为13.13%。

表3-10 2016—2020年上海市存量住房成交套数的结构比例—环线

（单位：%）

	2016年	2017年	2018年	2019年	2020年
内环内	12.45	14.32	13.43	12.53	13.13
内外环间	36.65	36.97	36.48	37.41	36.88
外环外	50.89	48.71	50.09	50.06	50.00
合　计	100.00	100.00	100.00	100.00	100.00

数据来源：上海市房地产交易中心。

从存量住房成交套数的面积比例来看，2020 年，上海市 90 平方米以下住房的成交占比最高，为 69.86%，比上年略有减少；90—140 平方米和 140 平方米以上的住房成交占比都略有增长，分别为 23.7% 和 6.45%。

表 3-11 2016—2020 年上海市存量住房成交套数的结构比例—面积

（单位：%）

	2016 年	2017 年	2018 年	2019 年	2020 年
＜90 平方米	66.95	73.04	73.05	73.1	69.86
90—140 平方米	25.22	20.63	21.14	21.69	23.70
＞140 平方米	7.80	6.33	5.81	5.21	6.45
合　计	100.00	100.00	100.00	100.00	100.00

数据来源：上海市房地产交易中心。

从存量住房成交套数的价格比例来看，2020 年，上海市存量住房均价在 60000 元 / 平方米以上的住房成交比例比上年有所增长，为 14.58%；20000 元 / 平方米以下和 20000—40000 元 / 平方米的住房占比都略有减少，分别为 14.5% 和 40.44%；40000—60000 元 / 平方米的住房比例比上年略有增长，为 30.47%。

从存量住房成交套数的性质比例来看，2020 年，上海市成交的绝大多数是公寓，占比为 98.19%，与上年的结构比例基本一致。

从 2020 年上海市存量住房各月的成交套数来看，2 月份为全年最低点，为 4053 套；在 9 月份出现了一个成交高点，为 30153 套。

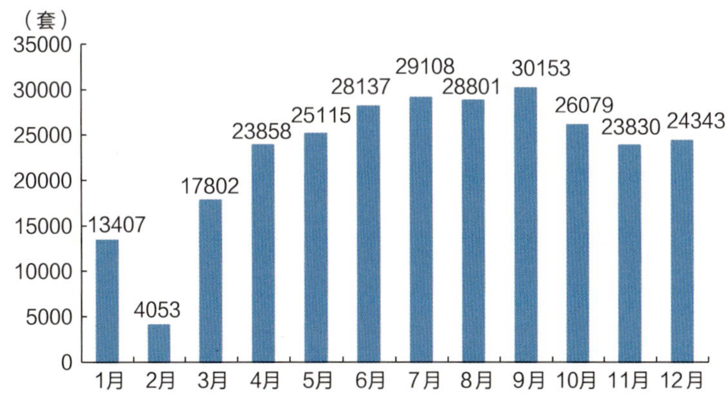

数据来源：上海市房地产交易中心。

图 3-27 2020 年上海市各月存量商品住房成交套数

从2020年上海市存量住房各月的成交/期初挂牌套数来看，2月份成交比例达到最低点，仅为0.07，在9月份到达全年最高点。

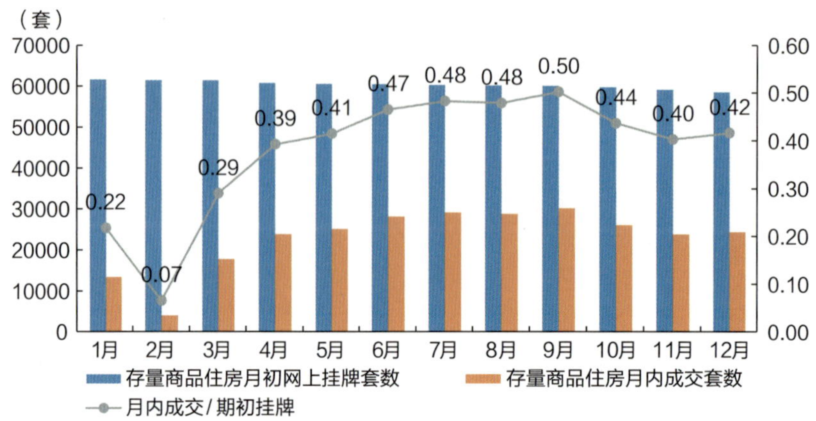

数据来源：上海市房地产交易中心。

图3-28 2020年上海市各月存量商品住房期初挂牌与成交套数

从存量住房销售价格指数的月度情况来看，2020年，上海市存量住房销售价格指数整体呈现稳步上涨态势，从1月份的139.5上涨至12月份的148.1。

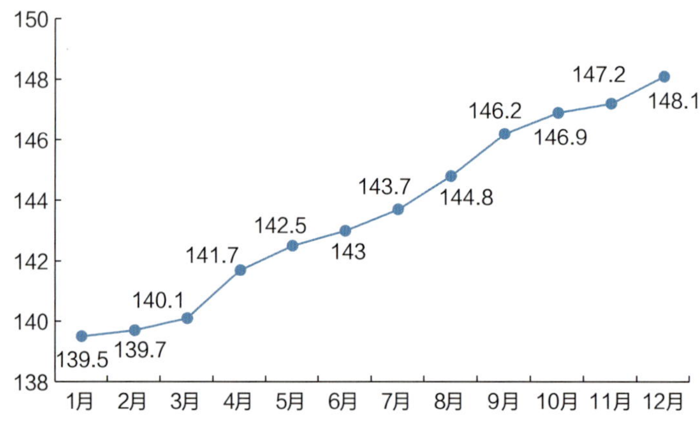

数据来源：国家统计局。

图3-29 2020年上海市各月二手住房销售价格指数

3. 新建商品住房与存量住房市场规模对比

从存量住房成交套数与新建商品住房销售套数对比来看，2020

年该数值为 3.94，略高于上年。

表 3-12　2016—2020 年上海市存量商品住房市场与新建商品住房市场的规模比较

（单位：套）

	2016 年	2017 年	2018 年	2019 年	2020 年
新建商品住房成交套数	117163	47768	49767	60758	69805
存量住房成交套数	376903	149335	156831	230121	274686
存量住房成交套数 / 新建商品住房成交套数	3.22	3.13	3.15	3.79	3.94

数据来源：上海市房地产交易中心。

● 4. 购房对象 ●

从市场化购房对象（新建市场化商品住房以及存量住房购房对象）结构比例来看，在 2020 年成交的住房套数中，上海市户籍购买的占比为 80.94%，略高于上年；境内非上海市户籍购买的占比为 18.79%，略低于上年；境外人士购房占比为 0.27%，略低于上年。

表 3-13　2016—2020 年上海市新建商品住房以及存量住房购房对象的结构比例

（单位：%）

	2016 年	2017 年	2018 年	2019 年	2020 年
上海户籍居民	83.61	85.39	83.61	80.33	80.94
境内非上海户籍	15.86	13.83	15.83	19.35	18.79
境外人	0.52	0.78	0.57	0.32	0.27
合　计	100.00	100.00	100.00	100.00	100.00

数据来源：上海市房地产交易中心。

（三）办公用房市场[①]

● 1. 新建办公用房市场 ●

2020 年，上海市新增供应新建办公用房为 4024 套。从上市的面积来看，2020 年上市的面积为 183.88 万平方米。

① 2020 年，上海市新建办公用房市场受新冠肺炎疫情影响，上市套数和销售套数均比上年有所下降。

表 3-14　2016—2020 年上海市新建办公用房上市规模及增幅

（单位：套；万平方米；%）

	2016 年	2017 年	2018 年	2019 年	2020 年
上市套数	31010	2561	41229	8204	4024
上市套数增幅	–6.52	–91.74	1509.88	–80.10	–50.95
上市面积	232.82	33.31	525.05	149.46	183.88
上市面积增幅	–51.69	–85.69	1476.11	–71.53	23.03

数据来源：上海市房地产交易中心。

2020 年，上海市新建办公用房销售 2721 套，比上年减少 53.9%。从销售面积来看，2020 年销售面积为 114.69 万平方米，比上年增长 7.71%。

表 3-15　2016—2020 年上海市新建办公用房销售规模及增幅

（单位：套；万平方米；%）

	2016 年	2017 年	2018 年	2019 年	2020 年
销售套数	43212	3484	4463	5903	2721
销售套数增幅	83.30	–91.94	28.10	32.27	–53.9
销售面积	417.46	109.25	128.86	106.48	114.69
销售面积增幅	56.55	–73.83	17.95	–17.37	7.71

数据来源：上海市房地产交易中心。

从期内销售套数 / 期间上市套数的比例来看，2020 年该比例为 0.68，低于上年。

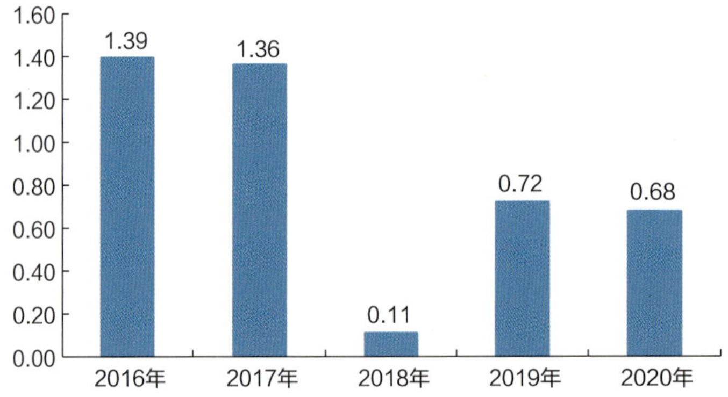

数据来源：上海市房地产交易中心。

图 3-30　2016—2020 年上海市新建办公用房销售套数 / 上市套数比

2020年末，上海市可售新建办公用房套数为44355套、面积为959.56万平方米。从存货消化周期（年末可售数/近五年年均销售数）来看，2020年末可售套数消化周期和年末可售面积消化周期分别为3.71年和5.47年，二者走势大致相同，均较上年有所增长。

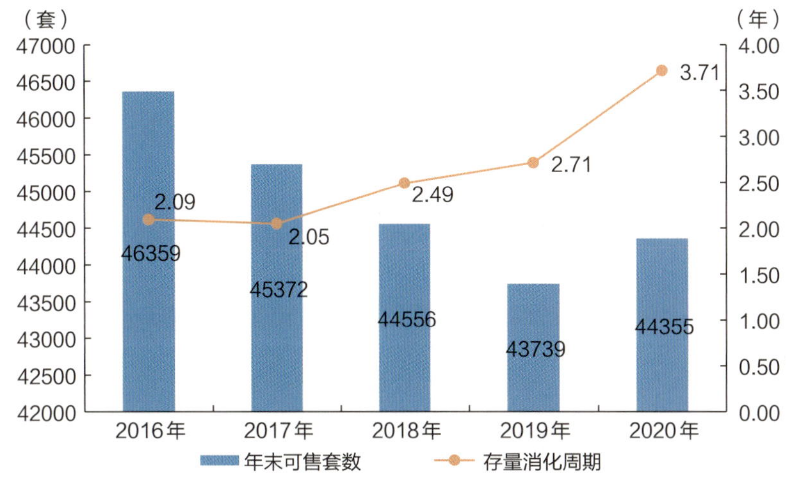

数据来源：上海市房地产交易中心。

图3-31　2016—2020年上海市新建办公用房年末可售套数规模

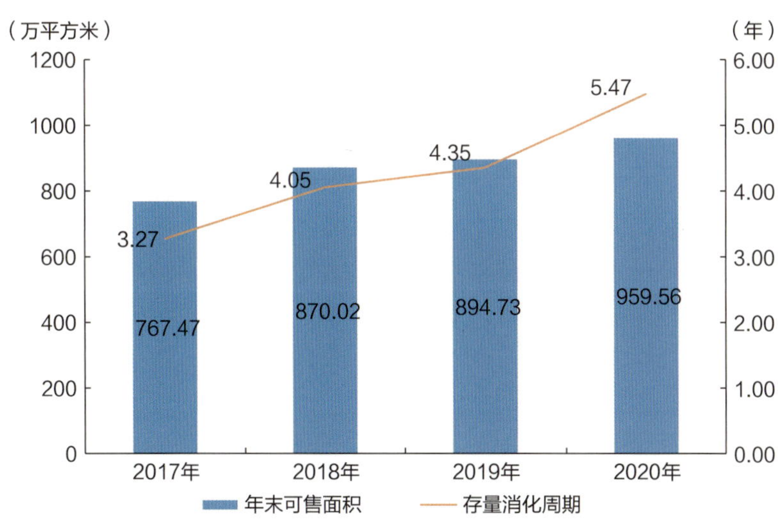

数据来源：上海市房地产交易中心。

图3-32　2017—2020年上海市新建办公用房年末可售面积规模

从新建办公用房销售套数的环线比例来看，2020 年，上海市外环外占比为 55.27%，较上年有所减少；内外环间占比为 35.76%，较上年有所增长；内环内占比为 8.97%，较上年略有上升。

表 3-16　2016—2020 年上海市新建办公用房销售套数的结构比例—环线

（单位：%）

	2016 年	2017 年	2018 年	2019 年	2020 年
内环以内	6.41	20.09	4.08	8.25	8.97
内外环间	14.60	30.40	35.90	18.79	35.76
外环以外	78.98	49.51	60.03	72.96	55.27
合　计	100.00	100.00	100.00	100.00	100.00

数据来源：上海市房地产交易中心。

从 2020 年上海市新建办公用房各月上市规模来看，9 月份是全年供应规模的最高月，供应了 820 套；其次为 11 月份，供应了 748 套。第三季度的供应量在全年相对集中。

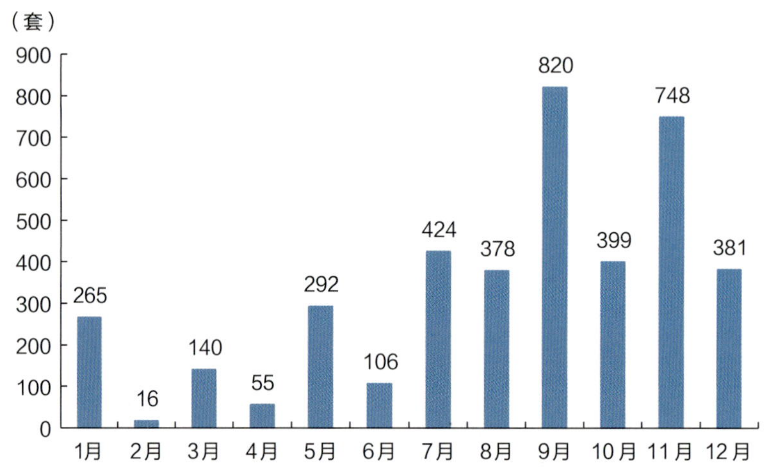

数据来源：上海市房地产交易中心。

图 3-33　2020 年上海市各月新建办公用房上市套数

从 2020 年上海市新建办公用房各月销售规模来看，2 月份为全年最低，仅为 29 套，12 月份为全年最高，为 725 套。

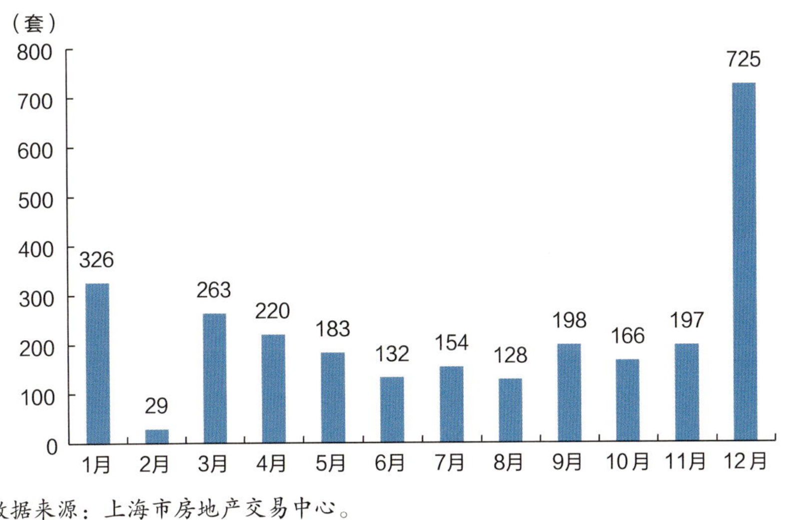

数据来源：上海市房地产交易中心。

图 3-34　2020 年上海市各月新建办公用房销售套数

从 2020 年上海市各月月末可售的新建办公用房套数来看，4 月份为全年最低，为 42830 套；11 月份为全年最高，为 44794 套。全年基本呈现先降后升趋势，12 月份有小幅回落。

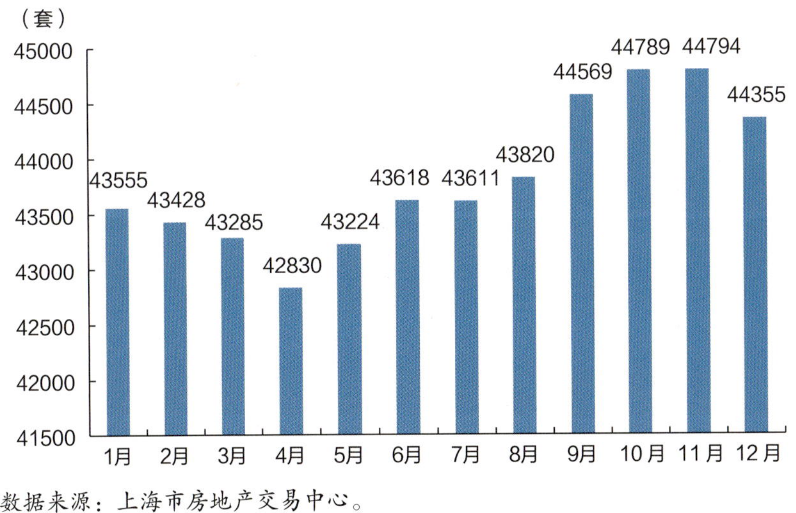

数据来源：上海市房地产交易中心。

图 3-35　2020 年上海市各月新建办公用房月末可售套数

从 2020 年上海市新建办公用房各月销售套数 / 可售套数（即期初可售套数 + 期内上市套数）的比例来看，2 月份为全年最低点，12 月份为全年最高点，其余各月份基本保持平稳。

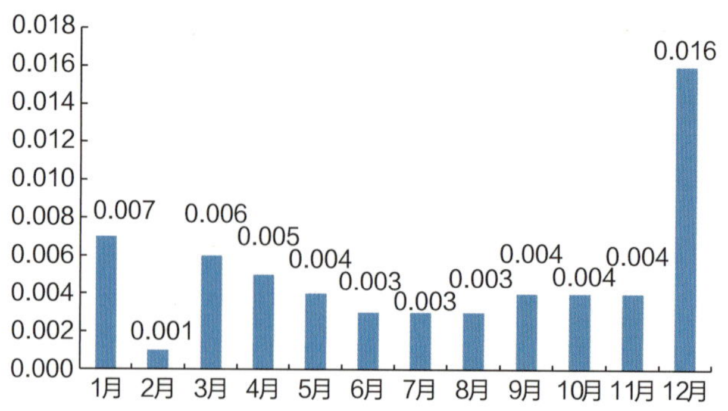

数据来源：上海市房地产交易中心。

图 3-36　2020 年上海市各月新建办公用房销售套数 / 月内可售套数

2. 存量办公用房

从上海市存量办公用房网上挂牌套数来看，2020 年比上年减少 10%，为 1457 套。

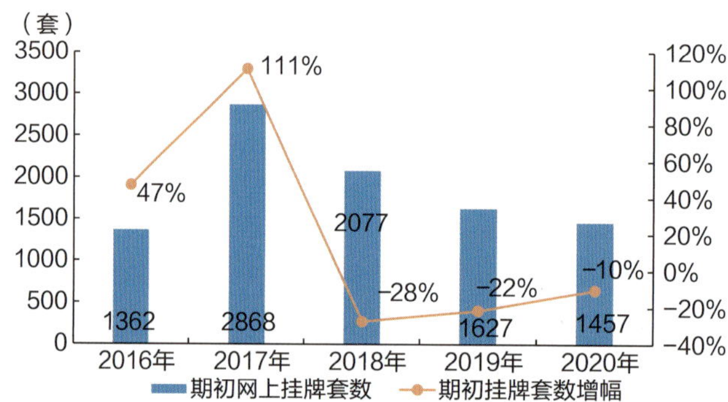

数据来源：上海市房地产交易中心。

图 3-37　2016—2020 年上海市存量办公用房网上挂牌套数与增幅

从 2020 年上海市存量办公用房成交套数规模来看，2020 年共成交 7842 套，比上年增长 1%。

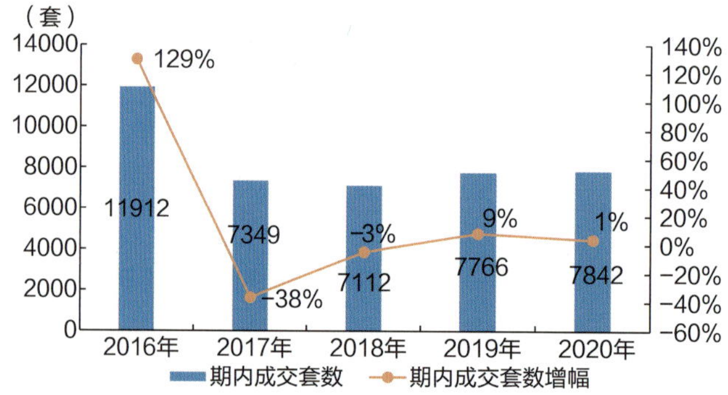

数据来源：上海市房地产交易中心。

图 3-38　2016—2020 年上海市存量办公用房成交套数及增幅

从2020年上海市存量办公用房成交套数/期初网上挂牌套数来看，比例为5.38，高于上年。

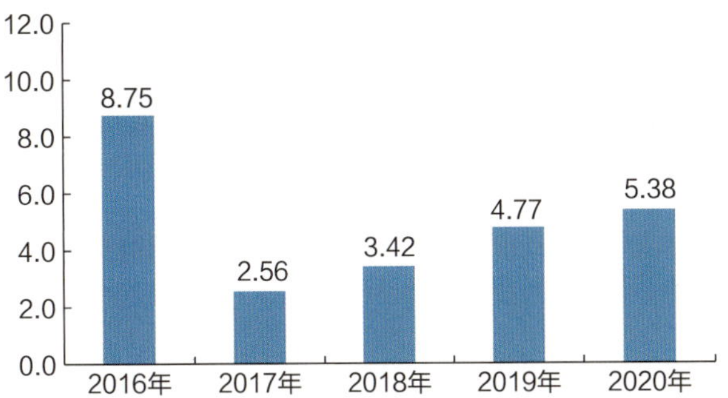

数据来源：上海市房地产交易中心。

图 3-39 2016—2020年上海市存量办公用房期内成交套数/期初网上挂牌套数

从2020年上海市存量办公用房成交套数的环线分布来看，外环以外占比为54.08%，略低于上年；内环内和内外环间占比都略高于上年，分别为19.89%和26.03%。

表 3-17 2016—2020年上海市存量办公用房成交套数结构比例—环线

（单位：%）

	2016年	2017年	2018年	2019年	2020年
内环以内	26.39	24.83	21.86	17.49	19.89
内外环间	28.28	27.30	23.10	24.54	26.03
外环以外	45.33	47.87	55.03	57.97	54.08
合 计	100.00	100.00	100.00	100.00	100.00

数据来源：上海市房地产交易中心。

（四）商业用房市场①

● 1. 新建商业用房市场●

2020年，上海市新增供应新建商业用房套数为3569套，比上年减少56.62%。从上市的面积来看，2020年上市的面积为99.65万平方米，比上年减少18.01%。

① 2020年上海市新建商业用房市场受新冠肺炎疫情影响，上市套数和销售套数均比上年有所下降。

表 3-18　2016—2020 年上海市新建商业用房供应规模及增幅

（单位：套；万平方米；%）

	2016 年	2017 年	2018 年	2019 年	2020 年
上市套数	18300	1254	26269	8227	3569
上市套数增幅	–20.73	–93.15	1994.82	–68.68	–56.62
上市面积	232.82	33.31	343.98	121.54	99.65
上市面积增幅	–15.27	–85.69	932.57	–64.67	–18.01

数据来源：上海市房地产交易中心。

2020 年，上海市新建商业用房销售套数为 4324 套，比上年减少 42.54%。从销售面积来看，2020 年销售面积为 85.26 万平方米，比上年减少 10.06%。

表 3-19　2016—2020 年上海市新建商业用房销售规模及增幅

（单位：套；万平方米；%）

	2016 年	2017 年	2018 年	2019 年	2020 年
销售套数	22877	9069	7633	7525	4324
销售套数增幅	61.71	–60.36	–15.83	–1.41	–42.54
销售面积	225.18	119.99	127.08	94.8	85.26
销售面积增幅	52.92	–46.71	5.91	–25.40	–10.06

数据来源：上海市房地产交易中心。

从 2020 年上海市新建商业用房的期内销售套数 / 期间上市套数的比例来看，该比例为 1.21，较上年有所上升。

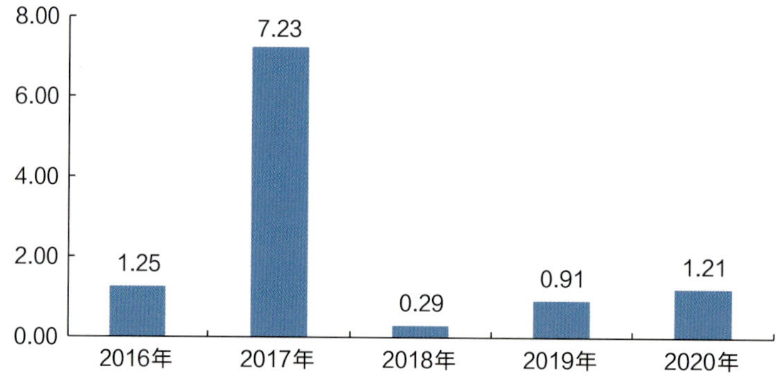

数据来源：上海市房地产交易中心。

图 3-40　2016—2020 年上海市新建商业用房期内销售套数 / 期间上市套数

2020 年末可售新建商业用房套数 48135 套，面积为 1053.75 万平方米。从存货消化周期（年末可售套数 / 近五年年均销售套数）来看，2020 年末可售套数消化周期为 4.68 年，为近五年来最高。

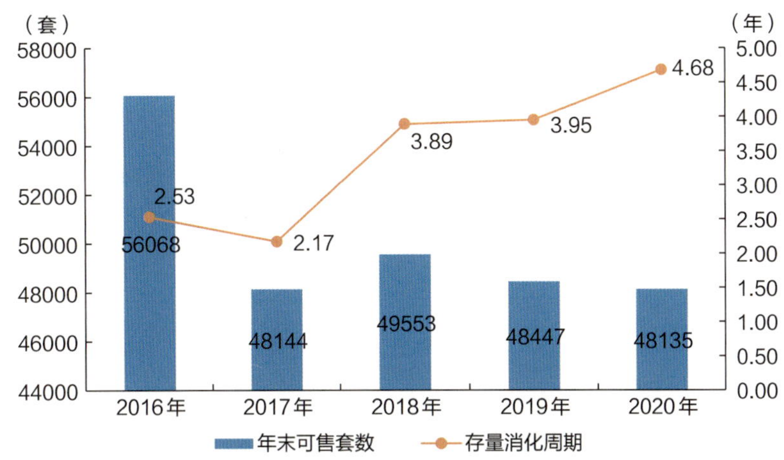

数据来源：上海市房地产交易中心。

图 3-41　2016—2020 年上海市新建商业用房年末可售规模

从 2020 年上海市新建商业用房销售套数的环线比例来看，内环内和外环外占比略低于上年，分别为 3.08% 和 84.16%；内外环间占比为 12.77%，高于上年。

表 3-20　2016—2020 年上海市新建商业用房销售套数的结构比例—环线

（单位：%）

	2016 年	2017 年	2018 年	2019 年	2020 年
内环以内	1.91	2.83	4.48	3.91	3.08
内外环间	14.36	9.55	15.59	9.71	12.76
外环以外	83.73	87.62	79.93	86.38	84.16
合　计	100.00	100.00	100.00	100.00	100.00

数据来源：上海市房地产交易中心。

从 2020 年上海市新建商业用房各月上市规模来看，主要集中在第三季度，年初的供应规模较小，9 月份为全年供应规模最高，为 863 套。

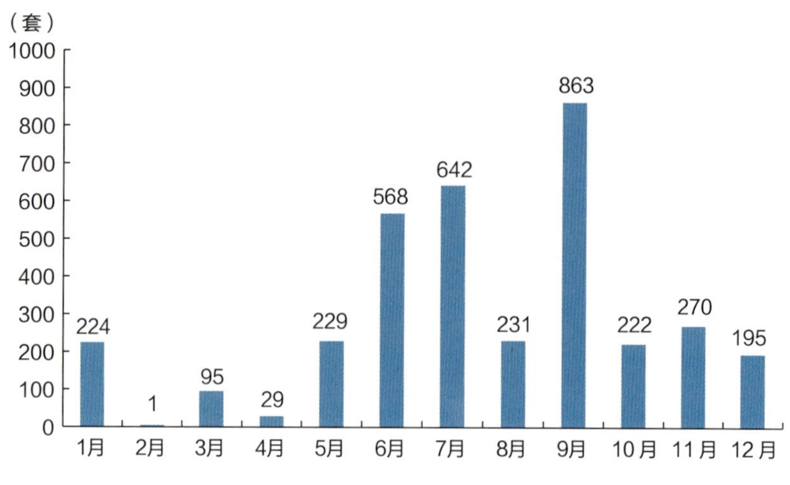

数据来源：上海市房地产交易中心。

图 3-42　2020 年上海市各月新建商业用房上市套数

从 2020 年上海市新建商业用房各月销售规模来看，全年整体销售规模呈现涨跌互现的态势。4 月份为全年的最低点，为 124 套；6 月份为全年最高点，为 606 套。

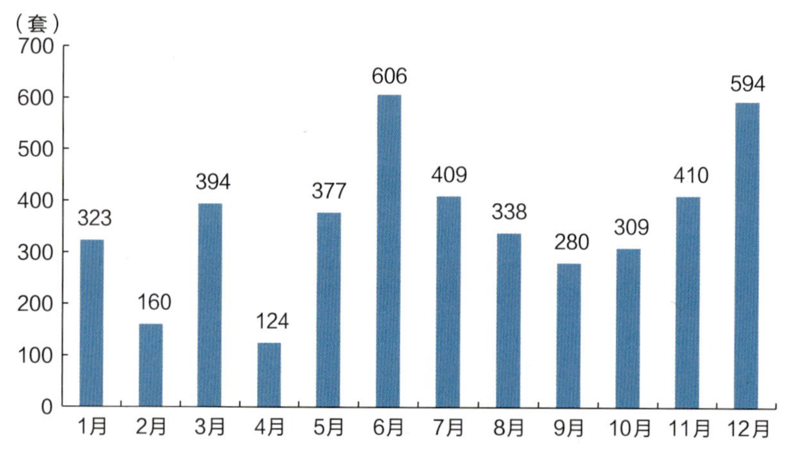

数据来源：上海市房地产交易中心。

图 3-43　2020 年上海市各月新建商业用房销售套数

从 2020 年上海市各月月末可售的新建商业用房套数来看，5 月份为全年最低点，为 47753 套；9 月份为全年的最高点，为 48619 套。

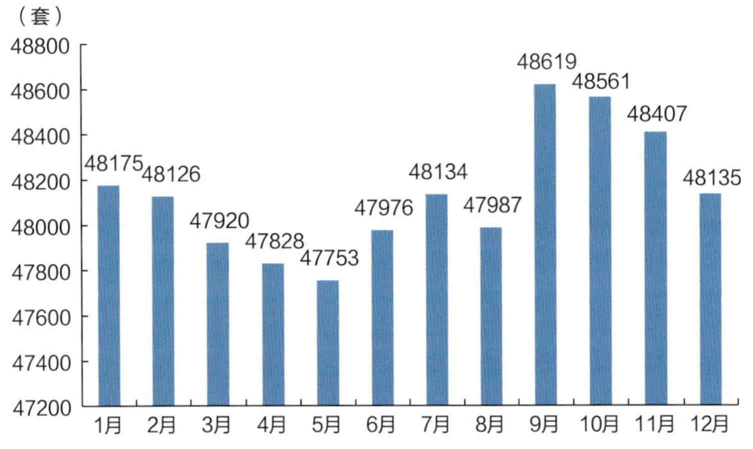

数据来源：上海市房地产交易中心。

图 3-44　2020 年上海市各月新建商业用房月末可售套数

从 2020 年上海市新建商业用房各月销售套数 / 可售套数（即期初可售套数 + 期内上市套数）的比例来看，整体态势与销售规模态势基本一致。4 月份为全年的低点，6 月份和 12 月份的销售规模为全年的较高点。

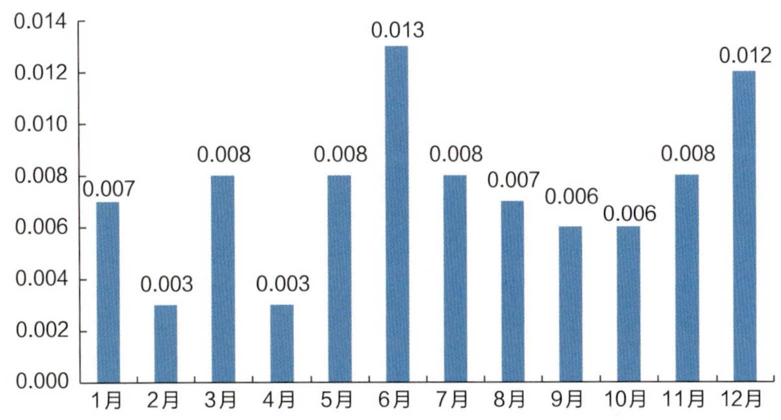

数据来源：上海市房地产交易中心。

图 3-45　2020 年上海市各月新建商业用房销售套数 / 月内可售套数

● 2. 存量商业用房●

从上海市存量商业用房网上挂牌套数来看，2020 年为 787 套，比上年减少 7%。

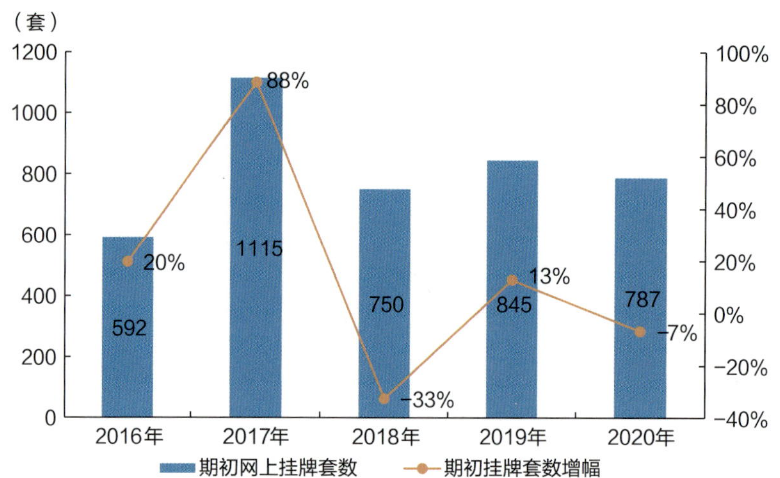

数据来源：上海市房地产交易中心。

图 3-46　2016—2020 年上海市存量商业用房网上挂牌套数及增幅

从 2020 年上海市存量商业用房成交套数规模来看，全年成交 4208 套，比上年减少 2.5%。

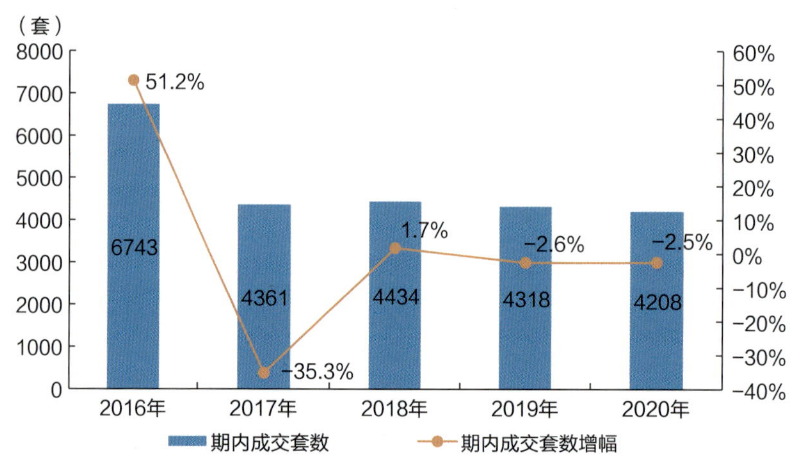

数据来源：上海市房地产交易中心。

图 3-47　2016—2020 年上海市存量商业用房成交套数及增幅

从 2020 年上海市存量商业用房成交套数 / 期初网上挂牌套数来看，比例为 8.82，高于上年。

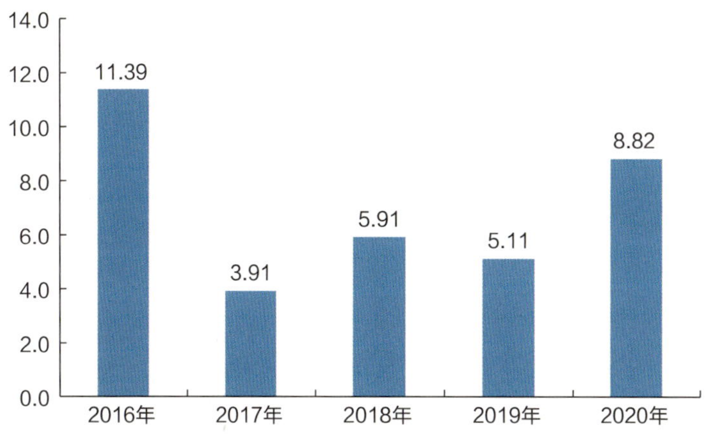

数据来源：上海市房地产交易中心。

图 3-48　2016—2020 年上海市存量商业用房期内成交套数 / 期初网上挂牌套数

从 2020 年上海市存量商业用房成交套数的环线分布来看，内环内和外环以外占比略低于上年，分别为 8.1% 和 65.73%；内外环间占比高于上年，为 26.16%。

表 3-21　2016—2020 年上海市存量商业用房成交套数结构比例—环线

（单位：%）

	2016 年	2017 年	2018 年	2019 年	2020 年
内环以内	11.25	11.01	12.34	10.68	8.11
内外环间	16.05	17.04	28.51	19.94	26.16
外环以外	72.70	71.96	59.16	69.38	65.73
合　计	100.00	100.00	100.00	100.00	100.00

数据来源：上海市房地产交易中心。

三、租赁市场

（一）租赁指数

2020 年，上海市住房租赁价格指数小幅上升，并保持在合理区间。根据上海市二手房（住房租赁）指数办公室数据，以 2018 年 12 月为基期，2020 年 1 月住房租赁价格指数为 1005.2，12 月住房租赁价格指数为1042.5。2020年，上海市住房租赁价格指数环比累计上涨3.59%。

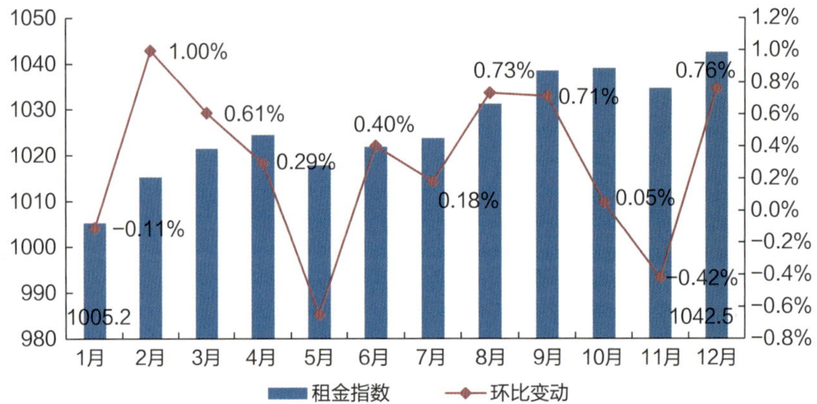

数据来源：上海市二手房（住房租赁）指数办公室。

图3-49　2020年上海市各月租赁价格指数及环比涨跌变动

从城区来看，2020年，上海市中心城区指数相对较高，近郊区和远郊区走势趋同。根据上海市二手房（住房租赁）指数办公室的数据显示，2020年，上海市中心城区环比累计上涨3.66%，近郊区环比累计上涨3.07%，远郊区环比累计上涨5.14%。

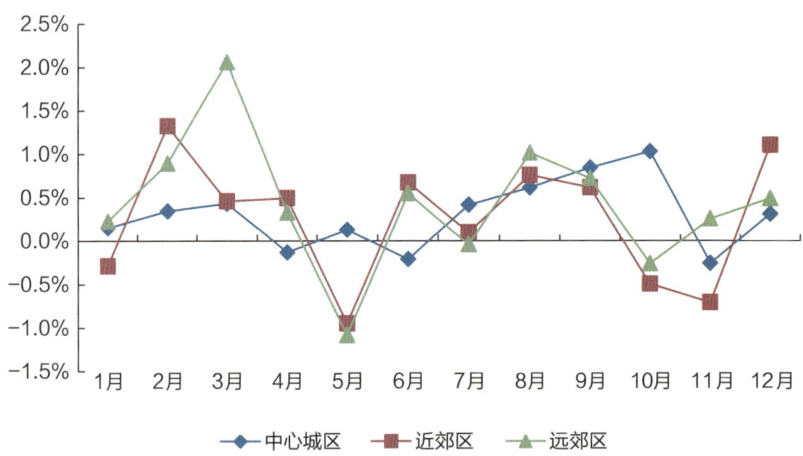

数据来源：上海市二手房（住房租赁）指数办公室。

图3-50　2020年上海市各城区租赁价格指数环比涨跌变动

（二）持续规范和发展住房租赁市场

● 1. 统筹疫情防控、风险化解处置，整顿规范住房租赁市场秩序●

在落实住房租赁行业疫情防控措施的基础上，针对疫情造成住房租赁矛盾纠纷增加、部分企业资金链断裂的情况，及时出台纾困政策，帮助租赁企业恢复正常经营；建立租赁行业投诉监测制度，会同上海市委政法委员会等部门督促指导各区加大对代理经租企业引发的矛盾纠纷调处化解力度，维护社会稳定。

针对住房租赁市场存在的突出问题，制定《关于进一步整顿规范上海市住房租赁市场秩序的实施意见》以及相关配套文件，秉持发展和规范并重的理念，坚持问题导向，聚焦市场监管的痛点、难点，着重从加强住房租赁市场主体管理、规范租赁房源信息发布、强化住房租赁合同网签备案管理、加强住房租赁资金监管、完善住房租赁平台建设等方面，切实维护市场秩序平稳有序，保障租赁当事人合法权益。

● 2. 顺利完成新增代理经租总量目标任务●

2020 年，上海市新增代理经租房源 98864 套（间），超额完成全年 8 万套（间）的目标任务。“十三五”期间，上海市累计新增代理经租房源 37.3 万套（间），顺利完成“十三五规划”确定的目标任务。

● 3. 加快建立行业监管长效机制●

建立多部门信息共享和协同联动机制，加大纠纷调处、监督惩戒和行政执法力度，依托“一网统管”理顺住房租赁监管业务流程；在强化属地发现和及时处置能力的同时，加强队伍建设，推动做实市、区两级住房租赁管理服务中心，充实基层监管力量；指导协会强化行业自律，加快建立健全行业规则和信用体系。

● 4. 持续推进住房租赁信息化建设●

着眼于全面规范住房租赁市场，加快建设租赁住房主体数据库、房源基础数据库等，持续推进住房租赁平台对接上海市“一网通办”“一网统管”，逐步实现对住房租赁主体、房源、网签备案等全覆盖管理。同时，加强部门间数据共享和工作联动，加快夯实基础，不断提升管理和服务能级。2020 年，上海市住房租赁平台住房租赁合同网签备案 35.8 万件；通过平台申请提取公积金累计约 6 万件；实现住房租赁公共服务平台与市“一网通办”平台对接，推出网签备案事项“不见面办理”，实现“零材料”“零跑动”全程网办，年内共办理近 1.8 万件。

四、房地产市场调控

（一）坚持因城施策，保持市场平稳健康发展

2020 年，上海市多次召开专题会议研究部署，统筹做好房地产领域疫情防控和房地产企业复工复市，稳字当头，稳定市场主体，稳定市场预期，稳定市场秩序，全力保持房地产市场平稳。

为稳定住房供应，针对疫情影响工期造成住房供应不足的情况，优化审核流程，加快项目上市节奏；对受疫情影响、出现资金短缺、区域供求紧张的在建项目，在符合国家商品房预售标准前提下，有针对性地调整部分项目预售许可的工程进度要求，增加供应坚持房地联动，合理确定住宅用地出让价格，在保持地价总体稳定前提下，增加土地供应。同时，对受疫情影响的单位职工延期缴纳个税或社保的，视同连续缴纳，满足合理购房需求。

（二）加强房地产市场调控，提升房屋建设监测工作能级

贯彻落实房地产市场调控政策，切实执行好上海市住房限购政

策，积极有序开展房地产交易合同网签备案、开发企业及经纪机构入网认证，以及一、二手房纳入一网通等工作。通过对房地产在建项目的全生命周期监测，提升房屋建设监测工作能级，研究建立市、区两级交易中心联动工作模式，探索与社会资源合作共赢的研究模式，创建符合行业管理发展要求的监测体系。逐步推进“促投资、稳增长”市场化监测工作，加强市场化商办项目的建设监测工作，建立非居住房屋建设监测工作机制，为上海市房地产市场调控提供数据支撑。

2020年，上海市商品房市场化项目及动迁安置房项目入网销售570多个，上网总面积1450余万平方米。通过与资金公司、相关房企合作，2020年上海市各区交易中心窗口及试点中介集中签约中心共受理存量房资金监管服务近2600笔，监管资金近100亿元，并与相关房企合作推行意向金监管，为市民交易安全提供了保证，取得良好的社会效应。

（三）适应形势发展变化，做好房屋权属调查和权籍管理工作

积极推进并完善“多测合一”，加强房屋权属调查（测绘）管理工作。制定《关于“多测合一”模式下优化房屋权属调查工作的意见》《关于本市社会投资低风险产业类项目房屋权属调查工作要求调整的通知》《关于进一步优化本市社会投资低风险产业类项目竣工验收、不动产登记办理流程的实施办法》，编制完成《上海市建筑工程项目“多测合一”服务指南》。

在开展房产面积测绘成果争议鉴定工作和房屋建筑类型和地下空间权属调查技术标准研究的同时，协调相关部门优化“新开工登记”业务流程、楼盘预搭建（房屋面积估算）工作收件内容和业务流程，缩短办理时限，实现“一窗受理，并行办理，企业最多跑一

次”。另外，加强房产测绘信息系统中的房产测绘用户管理，及时更新房地产基础数据资源库，满足管理部门对最新房地产基础信息的需求。

（四）结合“一网通办”“一网统管”，提高信息化应用水平

根据“三整合”要求，完成市、区房地业务专网撤网并入政务外网工作；按照“六个统一”原则，完成分管业务系统整合工作；对标“应编尽编、全量归集”要求，完成中心数据资源编目修订、数据归集和共享工作，推进“两个免于提交”。在差价换房业务中成功实现电子证照库、电子印章的运用。

第四章　住房保障

2020 年，上海市认真践行"人民城市人民建、人民城市为人民"的重要理念，在"一个定位""两大体系""三个为主""四位一体"租购并举的住房制度框架下，着力解决住房保障方面市民最关心的问题，持续深化完善住房保障政策体系，稳妥推进住房保障供应。2020 年，新增供应各类保障房 6.08 万套，廉租住房累计受益家庭 13.4 万户，公共租赁住房累计供应 15 万套，累计受益 72 万户，共有产权保障住房累计签约 12.8 万户。①

一、廉租住房

（一）稳步推进廉租住房制度实施

2020 年，上海市全年共新增受理家庭 4920 户（其中上海市通办件 21 户），配租家庭 4505 户。截至 2020 年底，历年累计受益家庭已达 13.4 万户，正在享受保障家庭 4.44 万户，其中，租金配租 3.58 万户、实物配租 0.86 万户。

根据上海市廉租住房租金补贴资金市与区的分担规定，市级财政根据 2020 年各区廉租住房保障的实施情况，按 40% 比例分担廉租住房租金补贴资金。2020 年度上海市共发放廉租住房租金补贴 8.86 亿元，其中市级财政承担 3.55 亿元。

① 数据来源：上海市住房和城乡建设管理委员会官网和上海市房屋管理局官网。

表 4-1　2020 年度上海市各区廉租住房租金补贴资金情况

（单位：万元）

区	补贴发放金额
上海市合计	88634.30
黄浦区	18174.75
徐汇区	5279.96
长宁区	5774.86
静安区	10893.17
普陀区	8042.53
虹口区	7026.13
杨浦区	11032.93
浦东新区	10820.62
宝山区	2957.69
闵行区	2694.35
嘉定区	1661.61
青浦区	959.50
松江区	1691.68
金山区	461.36
奉贤区	800.88
崇明区	362.30

（二）加快推进“一件事”改革步伐

按照上海市委、市政府的要求，以企业和群众高效办成“一件事”为目标，全面推进有关政务服务事项业务流程革命性再造，廉租住房申请被列为 2020 年市政府“一件事”改革事项之一。廉租住房申请“一件事”改革内容是在确保审核标准不变、审核质量不降的前提下，通过业务流程革命性再造和大数据信息互通整合，实现“减材料”“减时间”“减环节”“减跑动”，并具备“智能导引、一表申报”等线上全流程办理功能，让申请家庭告别“办理难”“办理烦”，切实享受改革带来的“幸福感”，体验到政务服务的新模式。

第一，常规性申请材料缩减 75% 以上。一是对凡是通过电子证照调取、数据核验、历史材料共享等方式可以归集到的身份、户籍、婚姻、住房、收入、财产等信息，原则上一律不再要求申请对象提交纸质证明材料；二是对申请时正在享受上海市城镇最低生活保障（含分散供养的特困人员）的家庭，不再要求填写及提交家庭财产方面的情况，其中已连续享受满12个月的，还可不再填写及提交家庭收入方面的情况；三是对申请表的内容进行优化简化，信息填写内容和数量明显减少。

表4-2　改革前后廉租住房常规性申请材料对比

序号	分　类	材料名称	改革前	改革后
1	基础信息	居民户口簿 / 个人户口卡 / 户籍证明	√	
2		居民身份证	√	
3		上海市居住证 / 居住证 B 证	√	
4		结婚证 / 离婚证	√	
5		离婚证明书	√	
6		离婚调解书 / 离婚判决书 / 离婚协议书	√	√
7		出生医学证明 / 独生子女父母光荣证	√	
8	住房核查	不动产权证	√	
9		租用居住公房凭证	√	
10		征收补偿安置证明	√	
11	经济核查	单位收入证明	√	2 选 1
12		银行卡工资明细	√	
13		税收完税证明	√	
14		社保缴费凭证	√	
15		上海市单位公积金缴存情况证明	√	
16		银行存款	√	
17		机动车辆登记证书、情况申报表	√	√
18		（本市）机动车辆行驶证	√	
19		股票对账单	√	√
20		基金对账单、债券凭证	√	
21		商业保险合同	√	√
22		本市非居住房屋权属凭证	√	

第二，办理环节优化简化近 60%。对 14 个办理环节优化简化了 8 个，具体包括：

（1）初审各环节从串联式审核全部调整为并联式审核；

（2）住房电子核查从“多层级委托”实施调整为“直接委托”实施；

（3）初审公示与复审审核从分步开展调整为同时开展；

（4）不再对符合条件的城镇最低生活保障（含分散供应的特困人员）家庭重复核对经济状况；

（5）拓宽不参与住房面积核定同住人意愿表达方式；

（6）取消租金配租的租赁补贴协议签订环节；

（7）租赁备案信息由线下提交调整为线上线下均可提交；

（8）方便房屋出租人收取廉租家庭租赁补贴资金等。

第三，办理时限整体压减 30% 以上，部分情况简单家庭压减 70% 左右。

（1）结合办理环节流程的优化调整以及经济状况核对时限的压缩，廉租保障资格申请的办理时限由原有的约 2.5 个月（43 个工作日加 8 个自然日）缩减至约 1.5 个月（30 个工作日加 3 个自然日）；

（2）其中不需要进行经济状况核对的城镇最低生活保障（含分散供养的特困人员）家庭缩减至约 0.6 个月（13 个工作日加 3 个自然日）。

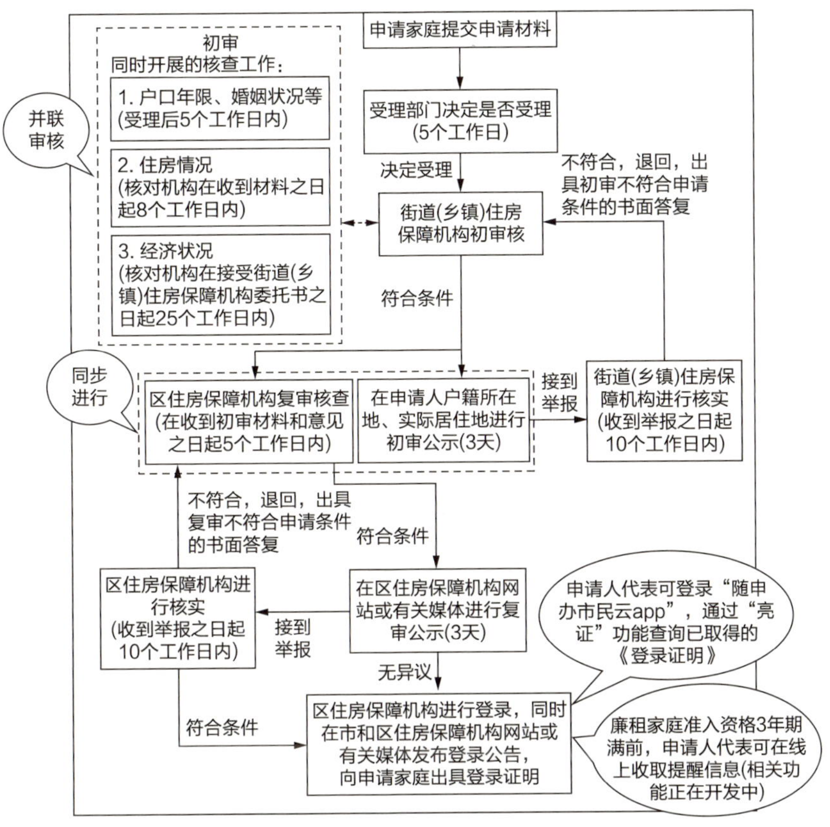

图 4-1　改革后的廉租住房审核流程

第四，线下申请可“只跑一次”，线上申请可“全程网办”，配租办理可“零跑动”。

（1）通过线下办理的，在材料齐备的情况下，申请家庭只需前往上海市任一街道（乡镇）社区事务受理服务中心受理窗口一次性递交申请材料、进行身份验证后即可完成申请提交。

（2）通过“一网通办”线上平台办理的，可按照智能导引提示完成身份核验、申请表填报、材料上传等全部申请事项，免于线下跑动。（注：起步阶段，先面向家庭人员结构和住房状况相对简单的申请对象）

（3）经审核符合条件的租金配租家庭，可通过线下材料邮递或线上“一网通办”平台提交等方式，“零跑动”办理租赁补贴资金的审核发放。

（三）切实把牢疫情防控线

2020年2月及时制定并发布《关于疫情防控期间本市廉租住房资格复核工作的通知》，明确各区可视情况暂缓开展廉租复核，规定了后续配租、退租衔接工作口径，确保不发生廉租家庭人员集中集聚情况，切实保障廉租家庭人身安全。

二、公共租赁住房

（一）持续开展公租房供应工作

2020年，上海市公共租赁住房工作坚持以高质量发展为引领，截至2020年底，上海市公共租赁住房（含单位租赁房）累计建设筹措18.7万套，累计供应15.2万套，其中已入住11.8万套、21.1万户，累计享受保障（含已退出）约72万户。全年新增供应公共租赁住房1.04万套，全面完成上海市政府年初确定的新增供应公共租赁住房1万套的目标任务。

（二）精准保障公共服务重点行业企业一线职工

为有效解决环卫职工、快递小哥等为城市运行和市民生活提供基础性公共服务的企业职工住房困难问题，针对这一群体收入相对偏低、对租金比较敏感、租房以宿舍型房源和合租房源为主的租赁需求特点，2020年，在推进公共租赁住房供应工作过程中，出台了《关于进一步加大公共服务类重点行业企业一线职工公租房保障力度试点工作的通知》，通过政策引导和计划安排，推动公共租赁住房拆套合租和宿舍型房源筹集，更多提供“一间房”“一张床”的产品，并在资格审核、租金定价等方面给予定向支持。按照该《通知》要求，上海市各区分别确定了宿舍型（含拆套合租）试点项目，共计房源约2000套，拆套后可提供床位约6000张，并陆续投入供应。

专栏4-1　加大公共服务行业一线职工公租房保障力度

2020年以来，上海市着力加大对环卫、公交、家政等为城市运行和市民生活提供基础性公共服务的一线务工人员保障力度。上海市房屋管理局出台《关于进一步加大公共服务类重点行业企业一线职工公租房保障力度试点工作的通知》，对环卫、公交、家政等公共服务类重点行业企业，鼓励单位整体租赁公租房，并给予三方面政策支持：

一是审核入住纳入"绿色通道"，相关单位职工申请公租房准入资格时，居住证、社保年限暂未达到规定要求的，可在单位书面承诺后，先入住公租房，再在规定期限内补齐。

二是加强公租房拆套合租和宿舍型房源筹集，在人均使用面积和居住人数符合国家和上海市相关规范的前提下，切实增加"一间房""一张床"的租赁供给。

三是租金定价在遵循公租房"略低于市场租金"原则基础上，可统筹考虑入住职工租金承受能力等因素进一步适当从优，并鼓励承租单位通过补贴部分租金等方式进一步减轻入住职工租金负担。

截至2020年底，上海市共筹措公租房拆套合租和宿舍型房源试点项目约2000套、6000张床位，并陆续面向公共服务行业企业供应，取得良好社会反响。

图4-2　上海市虹口区中湾公寓宿舍型公租房室内实景照

专栏4-2　快递小哥首批入住上海宿舍型公租房试点项目

2020年10月30日上午，上海市房屋管理局、上海市邮政管理局、上海市虹口区人民政府联合举行快递小哥公租房入住仪式，来自邮政、顺丰的60名快递员代表参加仪式。这也是上海宿舍型公租房试点项目首批入住。

上海市房屋管理局于2020年6月发布实施《关于进一步加大公共服务类重点行业企业一线职工公租房保障力度试点工作的通知》，将快递业纳入公共服务类重点行业，将快递小哥纳入公租房保障范围。该《通知》出台后，上海市邮政管理局第一时间联系各区房屋管理局，积极落实房源。

位于新市南路上的公租房源是一幢两层楼房，一楼、二楼分两个入口，需要刷

图 4-3　上海市房屋管理局王桢局长出席快递小哥首批入住上海宿舍型公租房仪式

房卡才能入内。未来，这里 42 套公租房有望为 60 多名快递小哥提供舒适的租赁床源。虹口区公共租赁住房投资运营有限公司总经理佟飞介绍，快递小哥大多骑电动自行车工作，为此，这个公租房项目特意增设了一处电动自行车集中充电点，为快递小哥提供更完善的生活配套设施。同时，虹口区还在中湾公寓为环卫工人提供了 100 多张租赁床源。这些租赁床源的租金大多优惠至市场租金的 60%—70%，甚至有部分租赁床源租金低至市场租金的 50% 左右。

这些公租房户型方正得体，交通、商业、教育、医疗功能配置齐全，室内配有基本家具、家电设备、卫浴设施、厨房设施、智能设施，可以拎包入住。一居室套内面积为 10—27.27 平方米，租金市场价为 2432—3800 元 / 月，而快递员只需要支付 1500—1800 元 / 月的租金，也可供家庭为单位入住，便于他们照顾家庭。

来自江苏淮安的快递小哥聂龙龙收到新市南路上虹口公租房项目 A102 房间的钥匙，成为上海市第一批入住公租房的快递小哥。咖啡色窗帘，一套原木床、办公桌，独用卫生间、灶台……背着双肩包的聂龙龙打开 A102 房间，走进新家，兴奋不已。转眼间，聂龙龙来上海工作已七八年，一直负责顺丰公司虹口区收发包裹业务。他每天天蒙蒙亮出门，晚上披着月光回家，经常为“住在哪里”而发愁。“为了降低生活成本，我一直和三四位快递小哥合租，一年搬家三四次，越搬越远。”聂龙龙介绍道。得知虹口区为快递小哥筹集租赁房源，他第一个报名，并如愿成为第一批入住者。上海市抗击新冠肺炎疫情先进个人、顺丰快递员王晓溪在仪式上说：“我们所考虑的，我们所期盼的，都在这里一一实现。这里不仅环境优美、地理位置优渥，而且这里设施齐全，设备全新，完全一站式拎包入住。在这里我们实现了在这座城市里‘住有所居’的梦想。”

随着上海市住房保障体系的不断完善，上海市户籍居民及一些来沪青年人才的住房困难得到了较大缓解，但环卫工人、家政服务员等从事基础性服务工作的一线务工人员住房难问题依然比较突出。上海市已将他们纳入政府公租房重点保障范围，16个区正在多渠道筹集试点房源，有的利用非居住用房改建，有的在其他保障房转化为公共租赁住房及商品房配建的公共租赁住房项目中安排适配房源拆套使用。

（三）深化推进公租房申请便利化

按照深化“放管服”改革和改善营商环境的总体要求，在2018年已实行公共租赁住房申请“网上办”和审核时限缩减一半的基础上，2020年9月，上海市进一步实行公共租赁住房申请四项便利化措施。一是公共租赁住房准入资格申请可在上海市政府“一网通办”网站办理；二是准入资格申请材料“两个免于提交”（上海市政府部门核发的材料免于提交、有电子证照的免于提交实体证照），申请材料精简一半以上；三是市筹公共租赁住房准入资格申请实行“全市通办”，可向任一区公共租赁住房受理机构提交；四是增加各区公共租赁住房受理窗口开放时间，针对公共租赁住房申请对象都是“上班族”的特点，将受理窗口服务时间延伸到中午和周末。

（四）全力以赴做好公租房疫情防控工作

针对公共租赁住房中非沪籍人员较多，春节期间集中返乡和回沪的情况，全力以赴做好上海市公共租赁住房疫情防控工作。按照疫情防控期间“少见面、不集中”的原则，先后出台《关于进一步落实本市公租房（含单位租赁房）疫情防控措施的工作要求》《关于进一步做好疫情影响期间公租房租赁管理工作的通知》，强化公共租赁住房小区疫情防控特别是外地返沪保障对象防疫管理，指导基层结合本区实际稳妥开展业务受理，有效避免集中防疫时期人员集聚。按照“四不两直”的要求，开展多轮防疫重点检查，涉及154处项目、近11万套房源，确保项目全部风险可控，平稳渡过疫情高发期。对续租、退租、新申请视不同情况采取暂缓办理、预约办理等措施，确保不断不乱；推进人脸、指纹识别等智能门禁在集中管理公租房小区的应用，提升常态化疫情防控实效。收集公共租赁住房保障对象中医务人员、防疫重点地区人员等数据，出台相关租金减免政策，对保障对象中抗疫一线医务人员和滞留湖北人员实施租金减免，减免金额共600余万元。

专栏4-3　上海市公租房抗击疫情有新招

随着返程高峰的来临，公租房、长租公寓的外来人员密度高、人员流动性大，已成为上海防控疫情的重点区域之一。部分租赁房管理公司启动人脸识别系统，增设消毒设施等精细化管理措施，避免租客交叉感染。

一、所有租客信息排摸全覆盖

“你是租客吗？从哪里来？有没有到过重点地区？最近是否有发烧？请配合测量体温……”水电路华虹苑小区，入口门卫室旁增加了一个岗位，一名物业工作人员负责排查租客的身体健康信息、测量出入人员的体温。

华虹苑是虹口区公租房小区，有7幢建筑近500户公租房。据介绍，虹口区还有几个公租房项目，有1069套公租房。正月初一开始，工作人员启动“电话拜访+信息排摸”工作，分头和1000多户租客取得联系。排查发现，留沪过年的有337户，近300户租客已经返沪，还有400多户的租客在返沪途中。另外，有49户租客或为湖北籍或有武汉旅居史。为此，工作人员为每户租客建立一份电子健康档案，每天了解租户的行程安排和身体情况，并将重点区域的人员信息上报给江湾镇街道、租客单位，请多部门协助做好员工的居家隔离工作。

虹口区公租房全面推行人脸识别系统，对监督居家隔离工作有很大的帮助，工作人员通过人脸识别系统将需要居家隔离14天的人员信息锁定，租客如在隔离期擅自出门，则无法再次进入小区。

二、精细化管理提高租客安全感

在位于闵行区浦江镇的租赁房社区内，每位工作人员分别佩戴防护镜、医用口罩、手套等防护用品。在一楼大厅等公共区域，工作人员增设了多个洁手消毒器、消毒擦鞋垫、口罩专用垃圾箱等设施。电梯轿厢内还摆放着一盒抽纸巾，供租客按键使用，减少交叉感染。

魔方公寓的大堂新增了一个医药箱，内置红外电子体温计、酒精消毒棉片、棉签、创可贴、一次性口罩等物品。对于有重点区域旅居史的租客，需要经过专业人员确认安全后才能进入公寓区域。

重点区域旅居史的返沪人员的生活垃圾该如何处理？公租房的工作人员每天单独上门收集隔离户的生活垃圾，再对垃圾喷洒消毒水，最后交由专门收运车处理。

三、公租房租户行踪全排查

上海市公租房全面纳入属地街道（镇）、居（村）委的疫情防控管理范围，公租房运营管理机构应配合做好租户离沪、返沪等行踪情况排查。记者从上海市房屋管理局获悉，针对疫情重点地区的户籍租户排查，一户不漏。对于有疫情重点地区居住史、旅行史和发病病例密切接触史、达到隔离标准的对象，配合属地街道（镇）、居（村）委严格做好隔离。

集中管理的公租房小区应在门岗处对访客逐一进行登记、核验身份证件，并尽快配备体温检测设备，对访客进行全覆盖的体温检测。对有发热、感冒、咳嗽等流感样症状的访客和疫情重点地区户籍的访客应予劝阻；对访客不听劝阻、坚持进入公租房小区的，报属地街道（镇）、居（村）委按照属地疫情防控相关工作方案进行处置。

公租房经租服务窗口、小区公共空间、楼道、电梯等场所应加强预防性消毒。与租户近距离接触的岗位人员以及上门工作人员必须佩戴口罩上岗，做好防护工作，并加强身体情况监测，严禁带病上岗。公租房小区配套室内活动场所一律关闭，各类租户公共活动一律停止。人员密集的集体宿舍类单位租赁房项目应着重加强室内消毒、通风、体温检测等工作，结合国家和上海市延长假期、推迟复工等安排，在疫情防控期间尽可能减少入住人数，严防交叉感染。

三、共有产权保障住房

（一）增加共有产权保障住房供应量

截至2020年底，上海市全年合计新增共有产权保障住房签约2.05万套、约150万平方米，已超额完成市政府年度重点工作“新增共有产权保障住房签约1.7万套”的目标任务，较2019年新增共有产权保障住房签约120万平方米增长25%。历年批次累计签约12.75万套、930万平方米，为上海市经济社会持续健康发展和市民安居做出了应有的贡献，上海市共有产权保障住房受益规模在全国位居首位。

（二）提高申请审核办事效率

2020年6月开始启动上海市城镇户籍第八批次和非沪籍第二批次共有产权保障住房申请供应工作，16个区累计收件7738份，其中上海市城镇户籍7500份、非沪籍238份。截至2020年底，上海市有15个区已完成户籍第八批次申请家庭摇号排序工作。长宁区、浦东新区、闵行区、杨浦区、普陀区、宝山区、松江区、青浦区、金山区等9个区已完成选房，共计选房4147户，其余各区在2021年一季度底前完成选房工作。户籍第八批次2020年内新增签约303套。基本实现“当年启动受理，当年实现签约”的工作目标。

在工作推进过程中，各区积极参照“廉租一件事”的办理模式提速增效，利用大数据电子证照和政府部门数据共享，减少申请家庭提交审核材料，加快推进上海市城镇户籍第八批次和非沪籍第二批次共有产权保障住房申请家庭审核工作。2020年三季度末四季度初基本完成审核工作。上海市城镇户籍第八批次共有产权保障住房无论咨询受理周期，或是审核供应周期，均较历批次有较大幅度的缩短。

（三）平稳开展供后交易工作

上海市在全国率先实现了共有产权保障住房的全流程管理，共有产权保障住房各类供后交易工作较为平稳有序。截至2020年底，上海市累计共审核通过各类共有产权保障住房满五年后供后交易申请3057户（约为符合条件家庭数4.98万户的6%）。其中，购买政府产权份额2723户（占89%），共向政府指定账户缴纳政府产权份额价款22.2亿元，纳入一般预算外收入，由区政府统筹使用；政府指定住房保障机构优先购买334户（占11%），主要由区公租房公司收储作为区属公租房使用，共支出资金约5亿元。

（四）做好疫情期间有序管控

根据上海市统筹推进疫情防控和经济社会发展工作统一部署，上海市住房和城乡建设管理委员会、上海市房屋管理局会同市有关部门、项目所在区政府，积极健全市、区、建设单位“三位一体”协调推进机制，努力克服疫情等不利因素影响，统筹推进上海市城镇户籍第六批次、第七批次和非沪籍第一批次签约，以及上海市城镇户籍第八批次和非沪籍第二批次申请供应等工作。

四、征收安置住房

上海市从2003年开始启动征收安置住房的建设工作，目前已在浦东新区、宝山区、嘉定区、青浦区、松江区、闵行区、奉贤区等7个区启动建设了38个大型居住社区市属征收安置住房基地。同时，各区根据自身安置房源需求情况，积极推进区属征收安置住房项目建设。

为推进上海市“四位一体”住房保障体系建设，坚持“保基本、讲公平、可持续”的精神，顺利推进上海市重大工程、旧城区改建、城市更新，不断改善市民居住条件。上海市住房和城乡建设管理委员会、上海市房屋管理局报经上海市人民政府同意，印发了《上海市征收安置住房管理办法》，主要涵盖五方面内容。

一是管理职责。上海市城市更新和旧区改造工作领导小组及市相关部门负责征收安置住房的政策、规划、计划的制定和重大事项的决策，以及市属征收安置住房建设推进工作的综合协调。区政府及其相关部门负责本区行政区域内市属征收安置住房的建设和管理等，以及区属征收安置住房建设、供应与使用的统筹管理。

二是开发建设。征收安置住房建设项目的选址，应当符合征收安置住房的建设发展规划和年度实施计划，并根据国土空间规划，与轨道交通站点相结合，与新城建设、老城（镇）改造相结合，与城市产业布局和区域产业发展相结合，同时兼顾农民相对集中居住，加快推进农村城镇化进程。征收安置住房建设项目的土地使用权出让，采用招拍挂方式，并将房地产开发企业应当具备的条件、征收安置住房建设项目的建设和供应要求，以及建房协议价格等，列入招拍挂文件内容。

三是配套设施建设。征收安置住房建设项目交付使用、居民入住后，建设项目所在地的区政府及相关部门应组织做好公共服务配套设施的移交接管工作。市属征收安置住房建设项目所在地的区政府，应统筹规划和做好建设项目所在基地的商业设施、公共交通、教育、卫生等配套设施的建设和运营。

四是房源供应与使用。上海市重大工程、旧城区改建、城市更新等项目所需房源列入市属征收安置住房年度供应计划的，由项目所在区的有关部门提出用房申请，经上海市住房和城乡建设管理委员会、上海市房屋管理部门批准后，由上海市房屋管理部门统筹供应房源。市属征收安置住房供应后，应当优先确保申请用房项目的安置房源需求，并由用房区有关部门组织实施单位，按照公示房源、受理申请、审核条件、开具供应单、签订预（销）售合同的程序使用。征收安置住房在取得不动产权证后的 3 年内，不得转让、抵押，但依法发生继承等非交易类行为、用房区有关部门购买征收安置住房后继续用于本区居民安置，以及上海市政府规定的其他情形除外。

五是房源价格管理。市属征收安置住房建设项目的建房协议价格，由上海市房屋管理部门委托有资质的审价单位进行核实论证、提出审核意见后，会同上海市发展和改革委员会、上海市住房和城乡建设管理委员会、上海市规划和自然资源局、上海市财政局等部门审核并报上海市人民政府审定；区属征收安置住房建设项目的建房协议价格由区政府审核确定。市属征收安置住房的房源供应价格，由上海市房屋管理部门会同上海市发展和改革委员会、上海市住房和城乡建设管理委员会、上海市规划和自然资源局、上海市财政局等部门，参照基地周边新建普通商品住房近期实际交易均价或基地拟供应房源市场评估价格，综合考虑征收安置住房基地的土地成本和市场供应价格、基地的开发进度、拟供应房屋的交房时间、同基地同类型房源历史供应价格、相邻基地间房源供应价格平衡等因素，适时拟订和调整，报上海市人民政府审定。市属征收安置住房房源供应价格与建房协议价格间的差价，由上海市房屋管理部门指定机构收取后纳入专户管理，并在完成建房协议价格结算和差价清算后，将项目的最终差价上缴市级国库。

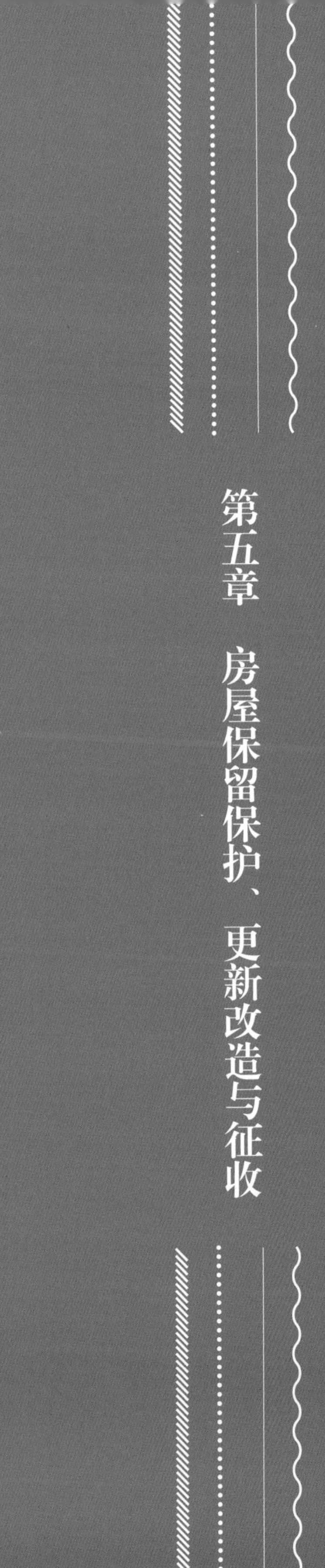

第五章　房屋保留保护、更新改造与征收

党的十九届五中全会通过的《中共中央关于制定国民经济和社会发展第十四个五年规划和二〇三五年远景目标的建议》明确提出，实施城市更新行动，对提升城市发展质量、满足人民群众美好生活需要、促进经济社会健康发展具有重要而深远的意义。上海市紧紧围绕“以人民为中心”的发展思想，立足于党中央国务院关于城镇老旧小区改造的一系列决策部署，践行“人民城市人民建，人民城市为人民”的重要理念，坚持“留改拆”并举，创新工作机制，通过“强活力、深挖潜、出亮点”的工作方式，进一步改善居住品质，让人民群众生活更舒心、环境更美好、居住更便利。

2020年，上海市全力推进中心城区成片二级旧里旧区改造任务，确保重大工程房屋征收顺利实施，制定配套政策，助力旧改提速；多措并举，加快余量征收基地顺利收尾平地。同时，上海市持续推进旧住房更新改造工作，主要包括成套改造、厨卫等综合改造、屋面及相关设施改造等，改造内容由最初的单项目修缮改造逐渐发展为以“美丽家园”建设为载体的综合性修缮改造。在历史建筑保护方面，上海市围绕“以修促保、以用促保、以管促保”，立足城市品质提升，着眼群众期盼，坚持“政府主导、市场运作”，创新方式方法，强化政策供给，注重在精细化管理、凝聚社会合力，以及活化利用上下功夫。

一、旧改与征收

“十三五”期间，为贯彻习近平总书记关于保护城市历史文化遗产的指示、落实中央城市工作会议精神，上海市委、市政府提出将旧区改造的方式由“拆改留并举，以拆除为主”，调整为“留改拆并举，以保留保护为主”，明确了“坚持留改拆并举，深化城市有机更新，进一步改善市民群众居住条件”的总体要求，标志着上海市旧区改造工作进入了新的阶段。

2020年，上海市一方面根据市委、市政府的要求，把全力以赴推进旧区改造工作做为贯彻落实习近平总书记考察上海重要讲话的重要抓手，高度重视、紧抓不放、强力推动。深入贯彻习近平总书记考察上海时有关解决“老、小、旧、远”问题的重要指示精神，加大工作力度，创新思路办法，坚持“留改拆”并举，着力改善市民居住条件，深化城市有机更新，加强历史风貌保护，把旧区改造放在更加突出的位置，全力打好旧区改造攻坚战，旧区改造呈现出加速推进的良好态势。另一方面，上海市坚持“保基本、讲公平、可持续”的总体要求，围绕“服务旧改、保障民生”开展房屋征收工作。全力推进中心城区成片二级旧里旧区改造任务顺利完成，确保重大工程房屋征收顺利实施，加快余量征收基地顺利收尾平地。

（一）旧区改造[①]

1. 推进情况

“十三五”期间，上海市中心城区共完成二级旧里以下房屋改造约281万平方米，超额完成上海市政府确定的“十三五”约束性指标（完成240万平方米），为“十三五”目标的117%。其中，2020年，上海市中心城区完成二级旧里以下房屋改造75万平方米。截至

① 本部分数据来源：上海市城市更新和旧区改造工作小组。

2020年底，上海市中心城区剩余成片二级旧里以下房屋约110余万平方米、5.6万户；零星二级旧里以下房屋约48.4万平方米、1.7万户。

● 2. 政策完善及创新●

（1）完善政策，有力保障和支持旧改工作

中共上海市委办公厅、上海市人民政府办公厅制定下发《关于加快推进我市旧区改造工作的若干意见》（以下简称《若干意见》），明确了上海全市上下持续加快推进旧改的工作要求和扶持政策，完善推进机制，压实区政府主体责任，强化市相关管理部门的统筹协调作用。按照《若干意见》的要求，相关部门制订完成15个配套文件，包括：土地支持制度、财政贴息政策、直管公房残值减免政策、税费支持政策等，形成一套完整的加快推进旧改工作的“1+15”政策体系。

（2）创新机制，积极探索旧区改造新模式

一是创新国企参与旧改的新模式，打通地产集团参与旧区改造的方式和途径。地产集团专门成立城市更新公司，并与各区合作实施旧区改造。二是搭建成立“旧改工作行政司法沟通协商平台”，统一协调加快旧改“毛地”地块处置以及旧改地块收尾相关工作，加快旧改地块收尾，有利于旧改成本的控制和可持续发展。三是发挥市属国企签约协商平台作用。健全了及时排摸、重点协商、派单督办、定期报告的工作机制，助力旧改地块市属国企签约工作长效常态推进。

（3）因地制宜，全面推动旧改“毛地出让”

2019年以来，上海市城市更新旧区改造领导小组组织各区对摸清尚未启动“毛地”的居民及房屋情况，预估征收成本，测算盈亏状况。通过与开发单位深入洽谈，因地制宜确定改造方案和改造方式，千方百计激活“毛地”地块，高效精准利用好社会资金。截至2020年底，上海市基本完成剩余“毛地”地块的处置工作方案。

（二）房屋征收[①]

● 1. 推进情况 ●

（1）新发征收决定情况

2020年，上海市当年共新发征收决定59个，新增征收证数共4.0万证、新增建筑面积约为150万平方米。其中，新增居住证数3.9万证，占总体新增证数的98.17%；建筑面积为118.5万平方米，占总体新增建筑面积的78.96%；新增非居证数732证，占总体新增证数的1.83%；新增非居建筑面积约为31.6万平方米，占总体新增建筑面积的21.04%。

（2）完成情况

2020年，累计完成征收证数共4.3万证、建筑面积约为161万平方米。其中，累计完成居民证数4.3万证，占当年累计完成证数的98.46%，建筑面积约为133.9万平方米，占当年累计完成建筑面积的83.0%；累计完成非居证数666证，占当年累计完成证数的1.54%；累计完成非居建筑面积约为27.4万平方米，占当年累计完成建筑面积的17.0%。

从征收规模与结构来看，2020年共完成重大工程征收1742证、建筑面积约为22.50万平方米。其中，涉及居民1661证、建筑面积约为9.68万平方米；非居81证、建筑面积约为12.8万平方米。共完成旧区改造征收共41576证、建筑面积约为138.9万平方米。其中，涉及居民40991证、建筑面积约为124.23万平方米；非居585证、建筑面积约为14.62万平方米。

2020年，共作出补偿决定1195件，补偿决定率为2.76%，完成司法强制执行175件，强制执行率为4.04‰。

---

① 本部分数据来源：上海市房屋管理局。

表 5-1　2018—2020 年上海市征收规模与结构

（单位：证；平方米）

年份	重大工程				旧区改造			
	居　住		非　居		居　住		非　居	
	证数	建筑面积	证数	建筑面积	证数	建筑面积	证数	建筑面积
2018 年	1622	69064	113	47247	14593	455537	436	55960
2019 年	1656	64644	143	148318	33396	1062039	585	182698
2020 年	1661	96874	81	128159	40991	1242340	585	146208

表 5-2　2016—2020 年上海市征收情况

（单位：证；平方米）

年份	新　增				当年累计完成			
	居　住		非　居		居　住		非　居	
	证数	建筑面积	证数	建筑面积	证数	建筑面积	证数	建筑面积
2016	23610	729681	1135	142858	27063	859976	1363	504699
2017	34558	820077	861	70419	18456	643777	692	122252
2018	15565	463516	444	145597	16215	524601	549	103208
2019	30659	991741	740	464832	35052	1126683	728	331016
2020	39365	1185185	732	315740	42652	1339214	666	274367

“十三五”期间，新增的征收证数和当年累计完成的征收证数中，居住类房屋占绝大多数，均超过 95%；非居征收证数占极小部分，均未超过 5%。

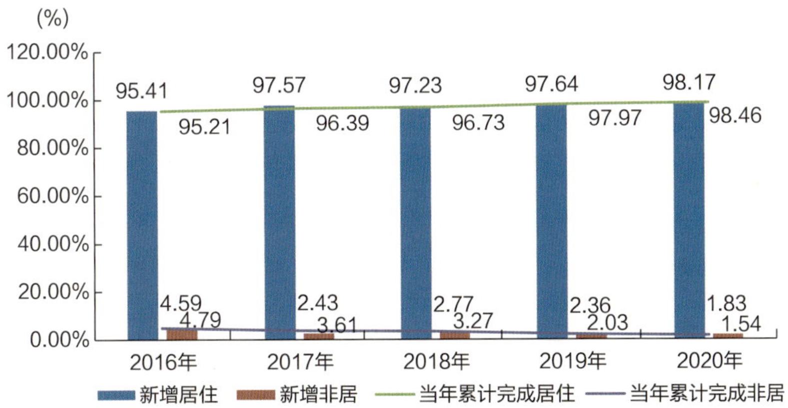

图 5-1　2016—2020 年上海市新增、当年累计完成证数占比情况

2020 年，上海市征收基地收尾计划总数 86 个。截至 2020 年底，已完成腾空 59 个（包括已拆平、已交地），实现行政程序全覆盖 24 个，收尾工作完成率已达 96.51%。从行政区划来看，除黄浦区、宝山区，其他区均已完成全年工作任务。

● 2. 政策与工作机制完善 ●

树立底线思维，建立征收基地全生命周期管理机制。树牢安全发展理念，强化底线思维和红线意识，坚持“留改拆”并举，落实保留保护要求，进一步加强征收基地安全管理，在坚持深入基层、深入一线的基础上，开展基地深度调研的基础上，出台《关于进一步加强旧改征收基地安全管理的通知》。

完善流程，加快征收基地收尾。“征收复议审理工作专班”通过集中办公的形式，聚焦重点基地，对接各区联络员，提高复议案审效率和案件质量，保障被征收人合法权益。同时为推进实质腾地，对收尾基地实行一证一档，挂图作战，定期通报。

开展人员培训，加强征收队伍建设。2020 年，为确保培训工作顺利开展，在培训启动前组织召开专题会议，并下发工作提示，督促上海市征收协会、上海市考评中心及三个培训点通过分散教学、入口测温、注意通风、设置临时隔离点等措施，着力做好培训期间的疫情防控工作。2020 年共组织完成复训 2695 人、初训 660 人，不断提升征收工作人员的专业水平和工作规范性。

（三）城中村改造

● 1. 城中村项目确认 ●

2014—2020 年，经上海市政府批准并确认改造方案的城中村项目共 49 个，其中，浦东新区 15 个、闵行区 6 个、宝山区 6

个、松江区6个、青浦区5个、嘉定区3个、金山区3个、奉贤区2个、普陀区2个、崇明区1个（崇明项目于2021年1月7日批准）。

表5-3　上海市城中村项目分布表

（单位：个）

	浦东新区	闵行区	宝山区	松江区	嘉定区	青浦区	奉贤区	金山区	普陀区	崇明区	合计
数量	15	6	6	6	3	5	2	3	2	1	49

●2. 城中村改造推进情况●

一是绝大多数项目动迁完成或进入收尾。已批49个项目共需动迁村（居）民、单位约2.66万户，现已动迁2.5万户，占总量的94%。49个项目中已有19个项目完成动迁，22个签约比例超过95%，5个签约比例在90%—95%之间，3个签约比例在90%以下。

二是动迁安置住房建设和交付有序进行。项目范围内需建设安置房4.9万套（用于项目范围内安置使用3.2万套），目前已开工3.2万套，其中已交付4716套，尚有在外过渡动迁居民约1.2万户。

三是经营性土地出让稳步推进。涉及经营性供地单元约320块，现有25个项目已实施土地出让，共出让115块供地单元。11个项目已开始商品房销售。

●3. 城中村改造工作亮点●

（1）研究制定《城中村项目认定和实施方案备案指南》

为更好地指导各区开展新的城中村项目申报，严格认定标准，加强规范操作，在更高起点上扎实推进城中村改造民心工程，根据上海市住房和城乡建设管理委员会、上海市房屋管理局等12个部门2019年联合印发的《关于进一步推进上海市城中村改造工作的通知》，编制完成《城中村项目认定及实施方案备案指南》（以下简称

《指南》),《指南》对认定所需提交材料清单、认定原则、程序，以及报送请示、方案概要的格式要求等做出规定。

（2）系统梳理城中村项目特色亮点

认真贯彻落实上海市委、市政府有关“城中村改造要与新城建设、历史文化名镇名村保护、撤制镇改造、乡村振兴等紧密结合”的工作要求，2020年，上海市积极调查各区具有显著特色和亮点的城中村改造项目。经统计，在已批的49个项目中，涉及新城建设9个、历史风貌保护4个、撤制镇改造3个、大型生态绿地建设1个。

（3）加快建设城中村管理信息系统

为进一步提升城中村管理的信息化水平，对信息化工作进行专题研究，拟在旧区改造信息系统基础上增加相关模块，建立起城中村信息模块，提升城中村改造项目管理能级，做好城中村改造进度管理。

二、旧住房更新改造①

（一）三类旧住房综合改造

根据《上海市住房发展“十三五”规划》的目标任务，推进完善房屋安全和使用功能的屋面及相关设施改造、成套改造、厨卫改造等三类旧住房综合改造项目300万平方米，受益居民6万户。2020年，共计开工实施1297万平方米，其中竣工709万平方米，各类里弄房屋修缮改造已开工实施71万平方米，其中竣工31万平方米。“十三五”期间累计已实施各类旧住房修缮改造5300余万平方米。

① 本节数据来源：上海市房屋管理局。

表 5-4　2020 年度上海市三类旧住房综合改造项目完成情况统计数据

（单位：万平方米；户）

区域	合　计		厨卫等综合改造		屋面及相关设施改造		成套改造	
	建筑面积	户数	建筑面积	户数	建筑面积	户数	建筑面积	户数
浦东新区	108.84	20693			108.84	20693		
黄浦区								
徐汇区	50.05	8803			49.17	8543	0.88	260
长宁区	51.63	10118			50.00	9689	1.63	429
静安区	12.55	3655			12.55	3655		
普陀区	163.31	29290			163.03	29211	0.28	79
虹口区	0.15	54			0.00	0	0.15	54
杨浦区	248.49	48231			248.10	48078	0.39	153
宝山区					0.00			
闵行区								
嘉定区	10.95	1834			10.95	1834		
金山区	34.78	3388			34.78	3388		
松江区	3.35	435			3.35	435		
青浦区	25.09	3023			25.09	3023		
奉贤区								
崇明区								
总　计	709.18	129524			705.85	128549	3.33	975

专栏5-1　崇明区城桥镇湄洲新村“生态美丽家园”建设典型案例

为贯彻习近平总书记“管理城市要像绣花一样精细”的要求和上海市加强城市管理三年行动计划部署，崇明区出台《住宅小区建设“生态美丽家园”三年行动计划（2018—2020）》。三年行动计划围绕更安全、更干净、更规范、更有序、更高效的生态美丽家园目标，着力打造生态宜居、文明有序、美丽整洁、幸福和谐的示范家园，实现生态美丽家园建设全覆盖。在此基础上，城桥镇湄洲新村西区“生态美丽家园”改造工程全面展开。

1. 基本情况

城桥镇湄洲新村西区建于 20 世纪 90 年代，现有居民楼 24 幢，居民 864 户，总建筑面积 73782.57 平方米。该小区为早期商品房小区，因而存在停车难、环境差、配套设施少、管理服务乱等问题。为改善小区品质，崇明区政府投资 3607 万元，用于小区改造，改造内容包括外立面整治、路面修复、绿化种植、围墙修缮、监控设施增设、沿河景观维修、车棚改造、积水点排水设施改造及管线入地等。

2. 主要成效

（1）优化综合治理

为充分发挥基层党组织战斗堡垒作用，推动构建基层党组织领导、基层政府主导的多方共同参与的社区治理体系，城桥镇建立以居民区党组织为核心，物业服务企业、业委会、网格中心、城管为主要成员单位的居民区联席会议制度，推进老旧小区改造与基层党组织建设、社会治理体系建设的有机结合，形成共建共治共享的老旧小区改造格局。

（2）有效整合资源

在老旧小区改造过程中，城桥镇不再局限于小区内部改造，而是打破小区围墙，将湄洲新村西侧围墙外的沿河空地充分利用起来。一方面解决腾空土地“脏、乱、差”等环境问题，另一方面通过增建健身步道、设置休息凉亭等方式，整合共有资源，增加公共配套设施，服务小区居民和周边群众。

（3）服务民生关切

坚持以民为本，丰富改造内容，加快解决“老、旧、小、远”问题。一是按照业主自愿、政府扶持、因地制宜、兼顾各方、依法合规、保障安全的原则，推进实施小区内4台加装电梯工程。二是对原变压站进行整修，增设垃圾处理站，通过四分类、定时定点投放、可回收垃圾收集、厨余垃圾处理，进一步做实做好垃圾分类，加强小区环境治理。三是对原公共绿化带进行重新整治，腾出停车空间，并优化小区环境。四是设立便民服务点及小区门禁、监控等设施，提高小区进出车辆及人员管理水平，全方位保障小区安全稳定。

图5-2　健身步道改造前后效果对比

图5-3　道路白改黑前后效果对比

（二）里弄房屋修缮改造

根据“留改拆”城市更新指导思想，上海市更加注重体现城市有机更新理念，突出历史风貌保护和城市文脉传承、城市功能完善和品质提升的结合。2020 年，按照《关于坚持留改拆并举，深化城市有机更新，进一步改善市民群众居住条件的若干意见》的要求，上海市继续推进各类保留保护里弄房屋的修缮改造。截至 2020 年底，各类里弄房屋修缮改造已开工实施约 71 万平方米，其中竣工约 31 万平方米。

表 5-5　2020 年度上海市里弄房屋修缮改造项目实施情况

（单位：平方米，户）

区域	一般里弄房屋修缮改造		优秀历史建筑修缮		里弄房屋内部整体改造		厨卫改造		合　计	
	建筑面积	户数	建筑面积	户数	建筑面积	户数	建筑面积	户数	建筑面积	户数
浦东新区	9240	281	595	1	0	0	71358	2121	81194	2404
黄浦区	43114	1280	6740	3	0	0	0	0	49854	1286
徐汇区	49052	1037	36412	487	0	0	70576	1580	156040	3591
长宁区	4756	75	15910	274	0	0	0	0	20666	623
静安区	0	0	17818	353	0	0	10142	286	27960	992
虹口区	35392	1102	119477	1775	0	0	0	0	154869	4652
杨浦区	0	0	1440	1	0	0	0	0	1440	2
闵行区	60994	429	0	0	0	0	0	0	60994	429
宝山区	10583	380	0	0	0	0	0	0	10583	380
嘉定区	79160	2094	0	0	0	0	0	0	79160	2094
金山区	0	0	0	0	27914	631	9190	71	37104	702
崇明区	31455	1170	0	0	0	0	0	0	31455	1170
总　计	323746	7848	198391	2894	27914	631	161266	4058	711317	18325

专栏5-2　黄浦区南昌路74弄外立面（专项）整治

黄浦区南昌路 74 弄坐落于衡复历史文化风貌区内，位于南昌路北侧，思南路与雁荡路之间，共包含 5 栋新式里弄住宅，结构形式为砖木结构和混合结构，总建筑面积 4647 平方米。

由于历史原因，单元内户数较多，空调外机、晾衣架等外立面附加设施杂乱无章，外立面的装饰纹样局部被遮挡，已严重影响建筑外立面的原始风格。整治项目对外立面、外窗和空调外机罩、雨水管、晾衣架等外立面附属设施进行综合整治，分别对沿街立面和弄内立面提出整治方案。

沿街立面整治方案：（1）上部外窗统一更换仿木纹铝合金外窗，更换雨水管，改为黑色方管。（2）规划空调外机位置，增设空调外机机罩，使其样式统一。（3）底层恢复原有水刷石立柱，增加玻璃围墙，店招置于立柱上方，提升商业品质，打造特色商业。（4）店铺空调在天井内解决，通过造景的手段进行弱化处理。

弄内立面整治方案：（1）上部外窗统一更换仿木纹铝合金外窗，更换雨水管，改为黑色方管。（2）规划空调外机位置，增设空调外机机罩，使其样式统一。（3）底层恢复原有水刷石立柱、黑色铸铁大门。

图 5-4　沿街立面效果图

图 5-5　弄内立面效果图

（三）既有多层住宅加装电梯

既有多层住宅加装电梯，既是改善老年人出行、提升居住品质的现实需要，也是深入践行“人民城市人民建、人民城市为人民”的必然要求。2020 年，上海市进一步加大加装电梯扶持力度，完善政策，上海市房屋管理局会同相关部门制定《既有多层住宅加装电梯民心工程方案》，明确主要目标、重点任务与工作举措。在坚持尊重业主意愿的基础上，按照“能加尽加，愿加快加”的原则，以更快速度、更高水平、更大力度加速推进加装电梯工作，更好满足市民群众对美好生活的向往。

截至2020年底，上海市已有1703幢房屋通过居民意见征询（其中2020年751幢），已完工运行542台（其中2020年294台），正在施工377台。

表5-6　2020年上海市多层住宅加装电梯实施情况

（单位：门牌幢；台）

区　域	通过业主意愿征询	已竣工运行	正在施工
浦东新区	101	14	85
黄浦区	26	3	9
徐汇区	40	11	16
长宁区	25	10	36
静安区	130	30	54
普陀区	42	23	14
虹口区	96	10	65
杨浦区	68	14	21
宝山区	103	68	34
闵行区	55	6	15
嘉定区	0	4	0
崇明区	26	100	13
金山区	6	0	4
松江区	6	0	0
青浦区	2	0	4
奉贤区	25	1	7
总　计	751	294	377

专栏5-3　长宁区新泾六村既有多层住宅加装电梯项目

新泾六村位于长宁区金钟路340弄，北新泾街道。小区建造于20世纪90年代，共有住宅20幢，房屋总建筑面积约为61238平方米，总户数1128户。

一、优化流程合并房管与规划公示，缩短审批时间

新泾六村探索并推行“成片预审，分批实施”的审批模式，结合长宁区“精品小区”建设，在小区内申报首台电梯方案公示的同时，公示整个小区的加装电梯方案，后续加装电梯方案与规划公示图相符的，无需再进行公示。立项批复与规划许可审批采取联合公示形式，使审批时限从至少33个工作日缩减至最快15个

工作日。

二、建立加装电梯“综窗”，提供“一门式”服务

根据《2019年长宁区深入推进“一网通办”工作要点》等文件精神，由长宁区房屋管理局牵头，会同长宁区规划和自然资源管理局、长宁区市场监督管理局、长宁区建设和管理委员会、长宁区科学技术委员会等相关部门单位，于2019年9月27日正式开设办理既有多层住宅加装电梯手续“综合窗口”。各相关单位分工协作，合力推进加装电梯工作。

既有多层住宅加装电梯“综合窗口”，主要负责宣传、咨询、受理加装电梯申报以及办理各项行政许可、非许可审批业务，优化了审批流程、简化了报送材料。“综合窗口”的“一门式”行政服务有效解决了新泾六村加装电梯咨询难、办事难、办事慢、办事繁的问题。

三、民心工程为民办实事，建立“成片”加装电梯的工作机制

结合长宁区每年100万平方米的精品小区建设工程，在精品小区中试点“成片、成批”加装电梯模式。长宁区房屋管理局将新泾六村涉及加装电梯的地质勘查、地下管线迁移、房屋安全性检测等项目打包进“美丽家园”建设中，一次性解决加装电梯的相关配套工作。在不增加财政资金投入的前提下，给百姓“搭了便车”，为百姓省下了管线迁移等配套费用。

四、激活市场、培养加梯第三方组织的成长

在新泾六村案例中，充分发挥了街道加梯工作室、居民自治民间组织和电梯企业的作用，在居民自治的前提下，运用第三方组织的专业能力，谋求居民利益的平衡统一，以最高效的方式推进加装电梯工作。同时由区专业部门牵头，会同有关部门组织对第三方相关企业进行相关政策、规范性要求等进行相关培训，强化第三方相关企业能力。

五、街镇参与、设立既有多层住宅加装电梯服务窗口

周桥、北新泾（新泾六村案例所在街道）、天山等街道，设立既有多层住宅加装电梯指导中心，通过“一门式服务、全流程陪伴、社会化运作、专业化支撑”的服务模式，发挥街镇社区工作优势，运用第三方组织的专业能力，面向全区提供指导咨询、流程代办、宣传培训、建立协商平台等多项全程、全方位的服务，协助居民完成加装电梯的行政审批。

三、优秀历史建筑保护与可持续利用

在历史建筑保护方面，2020年上海市围绕“以修促保、以用促保、以管促保”，立足城市品质提升，着眼群众期盼，坚持“政府主导、市场运作”，创新方式方法，强化政策供给，注重在精细化管理、凝聚社会合力以及活化利用上下功夫。

（一）推进情况

1. 推进“一幢一册”保护指南建档，优化系统数据入库

2020 年，上海市继续开展优秀历史建筑普查建档和保护指南编制工作，共完成优秀历史建筑“一幢一册”编制 114 处。其中，徐汇区 83 处，杨浦区 9 处，浦东新区 17 处，宝山区 1 处，奉贤区 1 处，青浦区 3 处。截至 2020 年底，上海市累计完成 1—5 批、共 1003 处优秀历史建筑“一幢一册”保护指南编制工作，其中，黄浦区、静安区、长宁区、虹口区、普陀区、闵行区、崇明区、嘉定区已完成全部 1—5 批优秀历史建筑“一幢一册”保护指南编制工作。

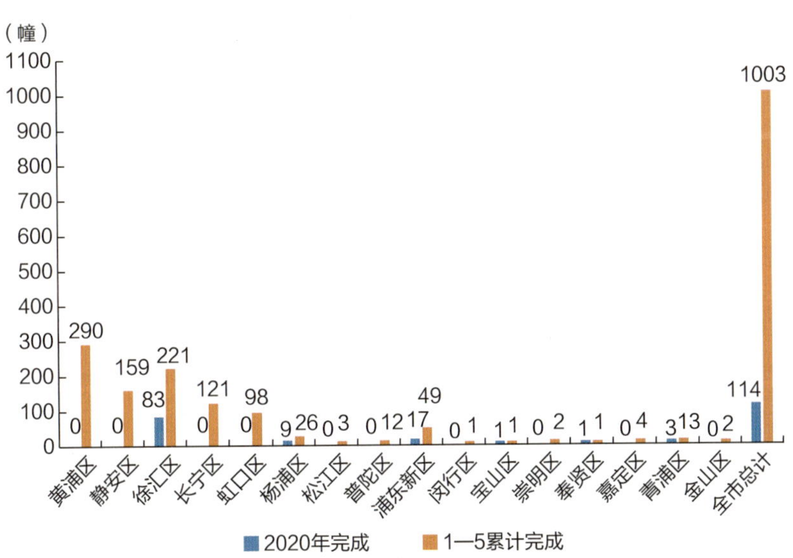

图 5-6　2020 年上海市优秀历史建筑“一幢一册”编制数量

2020 年，上海市建立和完善“上海市历史建筑保护管理信息系统”，目前已应用于各区的数据查询、巡查、上报、跟踪、督办等日常保护管理工作，同步实现保护管理信息实时化、数据化。同时加强对信息数据共享，充分运用一幢一册技术成果，明确优秀历史建筑地址清单，通过与交易登记系统信息互联，确保在交易等环节落

实保护告知和保护承诺。同时，按照“一网统管”的要求，将优秀历史建筑纳入网格化巡查系统，实现日常管理。完成优秀历史建筑版块应用场景开发工作，利用“三保卫士”等自动感应技术，在静安寺街道的实践基础上，逐步建设覆盖上海市优秀历史建筑的自动感知和感应系统，实现建筑保护的智能化管理。

同时，对上海市优秀历史建筑保护管理系统进行开发和维护，完善优化数据采集程序模块，调整数据库的结构和内容，并对75处纸质数据进行电子化处理和分类汇总。

● 2. 分批认定挂牌，推广应用二维码技术●

一是完成第五批优秀历史建筑挂牌工作。自1986年中华人民共和国国务院批准上海市为全国第二批国家历史文化名城以来，上海市持续开展历史文化街区和历史建筑的认定工作。目前，已认定五批、共计1058处（总计3300余幢、760余万平方米），包括办公、商业、文教、宗教、居住、工厂等多种建筑类型，其中，215处重叠有不可移动文物身份。2004年起，上海市优秀历史建筑从原来的铜质铭牌统一更换为浅灰色人造石材铭牌，铭牌上增加了中英双语对照文字简介。截至2020年底，第五批426处优秀历史建筑铭牌挂牌工作已全部完成。

二是推广二维码技术。对黄浦区、静安区、徐汇区、长宁区、虹口区、杨浦区等中心城区重点区域的优秀历史建筑，通过铭牌上应用的二维码技术，在有限空间内传递更多信息资讯，市民对此反响良好，后续将继续在面上推广。

三是严格勘误核对。根据《上海市人民政府关于同意〈上海市第五批优秀历史建筑保护技术规定〉的批复》的相关要求，针对第五批保护技术规定正式发布版与过程稿相比存在修正的情况，2020年，对28块已完成的铭牌内容进行勘误，并重新制作和挂牌。今后将每年对 30 余处保护铭牌开展内容的勘误和重新制作挂牌工作。

（二）完善配套政策

● 1. 落实《上海市历史风貌和优秀历史建筑保护条例》配套政策，健全管理机制●

《上海市历史风貌区和优秀历史建筑保护条例》于 2020 年 1 月 1 日起实施，结合 2015 年以来开展的优秀历史建筑行政审批事权下放以来的情况，2020 年，上海市住房和城乡建设管理委员会、上海市房屋管理局联合印发了《关于加强上海市优秀历史建筑管理的通知》，进一步明确市、区两级管理部门的责任和分工，将优秀历史建筑修缮装修工程统一纳入“一网通办”，实行网上“一站式”受理，提高便民服务效率，并形成建管、修管两级管理，数据互联互通的全方位保障机制。同时，研究制定《上海市需要保留的历史建筑管理办法》，明确风貌区内历史建筑的保护管理要求，指导和促进保留历史建筑的更新改造工作。

● 2. 加大政策供给，延续城市历史文脉●

2020 年，上海市人民政府印发《关于加快推进上海市旧住房更新改造工作的若干意见》，明确对落实保留保护要求的旧住房更新改造项目，可在符合区域发展导向的前提下，进行用地性质、建筑容量和建筑高度的适度调整，且支持符合风貌保护要求的更新项目新增建筑用于公益性功能。

（三）强化管理措施

● 1. 做好评估论证，加强保留保护更新项目管理●

2020 年，上海市组织开展优秀历史建筑保护修缮的设计、施工方案专家评审共计 82 项，完成重点保护要求符合性评估 12 项。为做好城市更新过程中历史文化资源的保护工作，上海市各相关单位和部门出台相关政策文件。

一是建立先予保护机制。按《关于进一步加强上海市建（构）筑物拆除工程相关管理的通知》要求，对外环以内 50 年以上历史建筑的建（构）筑物拆除工程进行普查，由上海市规划和自然资源管理局牵头会同相关部门进行价值甄别并出具核准意见，形成 250 处风貌保护街坊和所有旧改地块评估甄别成果。

二是扩大保留保护范围。对涉及需要保留保护历史建筑的城市更新项目，上海市规划和自然资源管理局正会同上海市房屋管理局研究制定《上海市需要保留的历史建筑管理办法》，明确保留更新的方式及相关管理程序。

三是完善审批制度。对所有涉及历史风貌区和优秀历史建筑的建设、修缮及装修改造等活动，按照《上海市历史风貌区和优秀历史建筑保护条例》严格审批制度的要求。

四是实施分类保护。对旧改范围内历史建筑的保留保护工作，编制《旧改范围内历史建筑分类保留保护技术导则》和《关于进一步加强旧改范围内历史建筑分类保留保护相关工作的通知（试行）》。

● 2. 加大宣传力度，吸引公众参与●

一是拓展线上宣传渠道。开发“行走上海”APP，推出“红色经典”“名人旧居”“百年高校”“漫步苏州河”等十余条游览参观路线，通过分类方式细化、趣味线路打卡等，让市民能够多渠道了解每幢优秀历史建筑的发展历程、建筑特色和人文故事。

二是组织摄影大赛。与共青团上海市委、摄影家协会等联合举办“寻找红色足迹”摄影大赛，激发公众寻找美、发现美、挖掘美的能力，增强公众与优秀历史建筑之间的对话。

三是形成优秀案例汇编。结合优秀历史建筑修缮案例形成《上海市优秀历史建筑保护修缮实录—都市遗韵》《保护修缮工程设计与施工示范项目成果汇编》等成果汇编，以图文结合的方式展示近年来上海市优秀历史建筑保护修缮的成果。

● 3. 加强技术标准创新与培训，提升优秀历史建筑技术能级 ●

一是组织开展《优秀历史建筑外墙修缮技术标准》地方性规范的编制工作，通过对外墙保护修缮设计原则价值评估和对常见外墙修缮内容进行梳理等，形成符合上海优秀历史建筑外墙修缮设计和施工的相关技术标准。

二是组织设计施工单位联合开展《优秀历史建筑天花线脚修缮施工技术工法编制》应用技术方面的研究，挖掘传统修缮施工工艺，并以此为技术路线开展“秉持工匠之心，铸造人民之城”的保护修缮立功竞赛活动，旨在促进各竞赛单位深刻体会当代工匠文化和工匠精神，培养专注的工作态度、高度的社会责任感和一丝不苟的钻研精神，让工匠精神深入人心、深入企业文化、深入行业的方方面面。

三是加强修缮培训工作，提升修缮人员业务水平。2020 年，对上海市各区房屋管理局、房地集团、街道房办的优秀历史建筑管理人员和从事优秀历史建筑保护修缮工程的设计、施工、监理技术岗位持证人员（共约 1000 人）开展培训工作，旨在进一步提高从业人员业务水平，提升保护理念，贯彻技术标准，适应城市更新保护要求。

（四）推进修缮项目

加强优秀历史建筑保护修缮，活化城市文脉。2020 年，保护性修缮项目新增立项37处。“十三五”期间，上海市累计实施近75万平方米居住类优秀历史建筑修缮，同步推进近110万平方米风貌区内居住类历史建筑，以及260万平方米里弄房屋修缮改造工作。

在示范性项目修缮方面，充分发挥面上和重点建筑修缮的头雁效应，按照原材料原工艺要求，修复了一批优秀历史建筑，如淮海大楼、上生新所茑屋书店、上海市文联办公楼等，修复后的建筑不仅展示出沉淀的历史价值，还焕发出新的光彩，成为建筑保护性修缮的典型案例，深受社会和市民的好评。

在成片里弄建筑风貌保护项目的改造方面，以小尺度改造的方式，探索曹杨一村等成片里弄修缮改造。在完善房屋使用功能、改善群众生活条件的同时，留住风貌肌理，留住乡愁记忆，实现“留房留人”的有机更新。

专栏5-4　上海市普陀区曹杨一村源园成套改造项目实例

曹杨一村是新中国成立后第一座工人住宅新村，建造于1952年，共涉及48幢房屋，分四个工区，建筑面积为4.89万平方米，共计1510户居民，为厨卫合用的非成套房屋。建筑具有20世纪50年代建造的住宅建筑的典型特征，造型平缓、谦逊，有中国传统文样的细部。曹杨一村被列为上海市优秀历史建筑（第四批），保护类别为四类，其单体主要立面、规划空间布局为外部重点保护部位，原内部主要空间格局及其他原有特色装饰为内部重点保护部位。2020年10月曹杨一村20幢房屋修缮改造率先开工，其余28幢于2021年1月全面施工。

本次修缮改造征求大量专家的意见和建议，主要方案为：保持南立面历史风貌不变，减小北立面内凹尺度，重新布局楼梯通道，放宽放缓踏步，并对公共厨房、卫生间、楼梯的空间布局进行调整，改造后给予每户独立厨卫。本次修缮在改善民生的同时，兼顾文化传承。本次改造最大的改变是房屋的内部材质更新升级——建筑三层为1962年加建，主材为粉煤灰砖，已达使用年限，存在安全隐患，在本次改造中对三层按现行标准拆除重建。建筑二层的原木格栅楼面及三层预制板楼面，都将改为钢筋混凝土楼面；卫生间、厨房与相邻房间的隔墙，采用砖墙并做好防水构造；对于屋面材质按照原来的样式和颜色，内部构造增加保温及防火措施。在最大化提高居民居住质量的同时，采用与历史原状颜色一样的米灰色涂料作为立面主材，新做仿木纹的铝合金窗型与原木窗相同，并保留东、西山墙上的回纹镂空设计装饰造型，最大程度地还原和传承曹杨一村历史本色与文化底蕴。

图 5-7　改造前实拍图

图 5-8　改造后效果图

2020 年，上海市申报优秀历史建筑修缮项目共 28 处 87 幢，总面积为 198391.34 平方米，总投资额为 40971.86 万元，受益居民为 2894 户。

表 5-7　2020 年上海市申报优秀历史建筑修缮项目

（单位：平方米；万元）

	建筑面积	户　数	项目数	幢　数	投资额
徐汇区	36411.87	487	10	26	7162.88
杨浦区	1440.00	1	1	1	2101.00
浦东新区	594.80	1	1	1	517.00
虹口区	119476.97	1775	6	23	23819.96
长宁区	15909.97	274	4	20	2475.88
静安区	17817.94	353	4	13	4154.14
黄浦区	6739.79	3	2	3	741.00
上海市总计	198391.34	2894	28	87	40971.86

（五）保护与可持续利用案例

专栏5-5　上海市文联历史建筑保护与更新工程

静安区延安西路238号建筑始建于20世纪20年代中期，原为花园住宅，1950年7月，上海市人民政府将其划拨给上海市文学艺术界联合会使用。建筑采用砖木混合结构，主楼三层，总体呈现意大利文艺复兴风格特征，局部带有巴洛克装饰，具有较高的艺术价值。1994年，大楼被公布为上海市第二批优秀历史建筑。2018—2020年，大楼启动了保护与更新工程。工程范围涵盖优秀历史建筑主楼修缮、主楼西附楼、20世纪90年代建成的北楼改造及室外环境整饬等。保护工程在不破坏建筑历史风貌的前提下，植入现代设备，提升安全性和舒适性，使主楼成为适应现代办公和会议的场所。围绕在主楼周边的西楼、北楼等则从20世纪90年代的“欧陆风”造型改造为更为简洁通透且具有识别度的立面，使其与历史建筑协调共生，机电及功能更新符合当下使用需求。

本次修缮对室内重点保护部位及有特色的装饰如柚木墙裙、壁炉、木框玻璃门扇、水泥拼花地坪及其他有特色的装饰进行整体保护与修缮，恢复其原有装饰风采。拆除内部搭建与后加隔断，恢复室内空间格局，完整还原主楼室内原有大气、典雅的建筑空间。为避免设备植入对室内空间产生负面影响，在隐蔽优先原则下增设了烟感、空调柜机等。主楼内部管线敷设于地垄墙、楼板木格栅及木屋架内，最大限度降低了对建筑重要保护部位的影响。场地环境以做减法的方式拆除后期搭建，疏通后勤通道，提升了建筑间的消防安全和通达便利性。通过室外总体铺装、绿化移位、增设排水明沟等形式解决建筑的通风、防潮性能，同时打造历史氛围下和谐的环境空间。

为解决西附房与主楼间距过近的问题，将其贴主楼东面一跨的墙体拆除，扩展其与主楼之间的间距，也使主楼的西立面得以完整呈现。西附房立面做水平方向简化形式处理，外墙饰面采用传统水刷石和新的黑色金属窗，外观融合了新旧元素，以简洁的外观来烘托历史建筑的装饰细节，与主楼相似相融又可被解读识别。同时，拆除屋面搭建，改建为可上人露台，成为办公之余远眺休憩、感受城市喧嚣的一处室外空间。北楼外走道栏板改造采用金属张拉网作为主要材料，简洁的造型和灰色的基调使其自身消隐，以谦逊的姿态成为主楼历史建筑的环境背景。针对不规则的平面，将楼梯间和服务性用房安置于三角形平面的两个角部空间，将相对规整的平面作为主要使用空间，最大程度确保楼层办公的使用面积。

图5-9　上海市文联历史建筑修缮前后对比图

专栏5-6 上海市淮海大楼保护与更新工程

淮海大楼位于淮海中路常熟路路口，占地面积为6430平方米，建筑面积为10400平方米。大楼始建于1931年，原名恩派亚公寓，由当时的浙江兴业银行投资建造。淮海大楼属于典型的装饰艺术派（Art Deco），大楼沿淮海中路部分朝向为南偏东约32度，沿常熟路部分朝向为南偏西约47度。相较1.5公里外武康大楼经典的“锐角”转角，淮海大楼则呈现出一个“钝角”造型。是第二批上海市优秀历史建筑、徐汇区登记不可移动文物。

2019年，对淮海大楼开展了详细的房屋检测和历史建筑考证工作，并编制修缮设计方案。2020年7月11日，淮海大楼保护修缮工程正式开工，以综合性系统性修缮为目标，以“民心为本、匠心为守”，通过市区联手工作机制，完成了淮海大楼保护修缮工程。修缮设计工作由上海建筑装饰（集团）设计有限公司承担，并由徐房建筑实业施工。在修缮过程中调派了具有丰富施工经验的“能工巧匠”，并多次邀请专家到现场对工艺进行指导，从而再现经典建筑的原有风貌。为保持建筑原貌，在材料采购、构件加工、清洗修缮、补损材料等方面也有较高的标准和要求，同时，在内部拓展舒适度，让原有空间能容纳新的生活功能，实现和谐统一。淮海大楼保护修缮工程是徐汇区在精细化治理大背景下的一次探索和尝试，项目从狭义的历史建筑修缮工程逐步拓展为暨历史建筑本体修缮、民生改善、店招店牌整治、绿化灯光提升以及架空线入地等一体化的综合性区域性风貌提升工程，为“十四五”期间开展风貌保护工作提供了范本。此外，淮海大楼优秀历史建筑修缮工程荣获了上海市首届旧房改造设计作品竞赛外立面奖。大修后的淮海大楼旧貌换新颜，转角处立面竖线条更加清晰，是继武康大楼之后，淮海中路上又一网红打卡地。

图5-10 淮海大楼修缮前后对比图

第六章　房屋管理

2020年是《上海市住宅小区建设“美丽家园”三年行动计划（2018—2020）》的收官之年。上海市房屋管理工作围绕三年行动计划总体目标，聚焦物业行业监管、物业服务费调价等行业发展的瓶颈问题，着力补齐住房民生短板，持续强化业主自我管理，切实做好新冠疫情防控，并以智慧物业建设为抓手，切实加强住宅小区资金管理，健全完善综合治理机制。

2018—2020年一般损坏房屋处置按计划全数完成，农村房屋与城镇房屋安全隐患排查整治工作同步开展。《上海市房屋使用安全管理办法》的出台，为更好保障房屋使用安全、守牢城市运行安全底线提供法治保障。

一、房屋概况

（一）总体规模

截至2020年底，上海市房屋总量约为14.54亿平方米。其中，居住房屋7.11亿平方米，非居住房屋7.43亿平方米。上海市的非居住房屋占房屋总量比例从2019年的50.43%上升至2020年的51.08%。

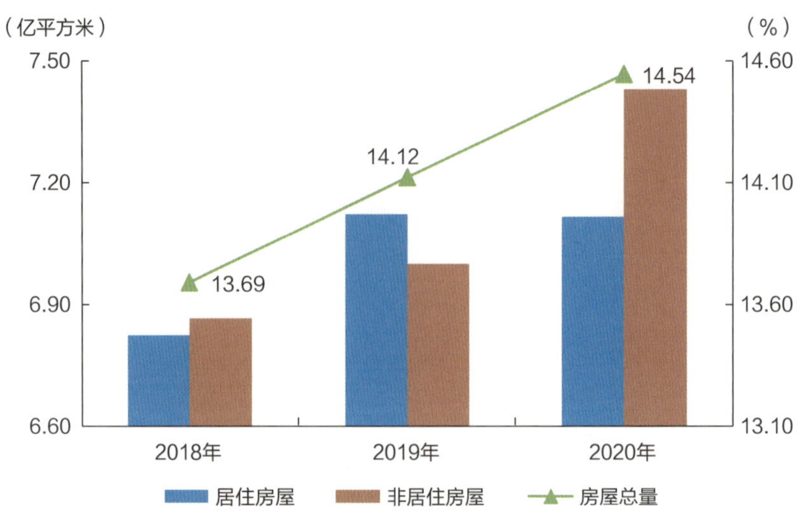

数据来源：上海市房屋管理局。

图 6-1　2018—2020 年上海市主要年份房屋总量与结构

表 6-1　2000 年以来主要年份上海市房屋总量

（单位：万平方米）

年份	总计	居住房屋	占比	非居住房屋	占比
2000	34206	20865	61.00%	13341	39.00%
2005	64198	37997	59.19%	26201	40.81%
2010	93591	52639	56.24%	40952	43.76%
2015	120390	63007	52.34%	57383	47.66%
2016	127724	65493	51.28%	62231	48.72%
2017	131908	67281	51.01%	64626	48.99%
2018	136882	68651	50.15%	68232	49.85%
2019	141207	69991	49.57%	71216	50.43%
2020	145431	71152	48.92%	74279	51.08%

数据来源：上海市房屋管理局。

（二）各区情况

从各区居住与非居住房屋的比例来看，中心城区除黄浦区以外，居住房屋占比高；非中心城区除崇明区外，非居住房屋更多。

表 6-2 2020 年上海市各区房屋规模

（单位：万平方米）

区 域	居住房屋	非居住房屋	居住房屋 / 非居住房屋
总 计	71152	74279	0.96
浦东新区	16726	17015	0.98
黄浦区	1658	2218	0.75
徐汇区	3584	2913	1.23
长宁区	2428	1893	1.28
静安区	3140	2970	1.06
普陀区	3772	2515	1.50
虹口区	2185	1678	1.30
杨浦区	3447	2812	1.23
闵行区	8319	8072	1.03
宝山区	6365	4863	1.31
嘉定区	4598	5908	0.78
金山区	2040	3622	0.56
松江区	5388	6844	0.79
青浦区	3018	4844	0.62
奉贤区	3038	4748	0.64
崇明区	1447	1364	1.06

数据来源：上海市房屋管理局。

从房屋增量来看，相比上年，2020 年房屋总量增量最大的为浦东新区，为 1234 万平方米；崇明区房屋总量减少了 156 万平方米的建筑面积，也是唯一一个总量增量为负数的区。从增幅来看，最高的松江区为 5.47%；其次为 5.08% 的奉贤区，两个区均超过了 5% 的增幅；崇明区则下降了 5.26%。

表 6-3 2020 年上海市各区居住房屋总量增加情况

单位：（万平方米）

区 域	2019 年	2020 年	增量	增幅
浦东新区	32507	33741	1234	3.79%
黄浦区	3785	3876	91	2.41%
徐汇区	6446	6497	51	0.79%
长宁区	4285	4321	36	0.84%
静安区	5986	6110	124	2.07%
普陀区	6200	6287	87	1.40%
虹口区	3729	3863	134	3.59%
杨浦区	6152	6258	106	1.73%

（续表）

区　域	2019 年	2020 年	增量	增幅
闵行区	15774	16392	618	3.92%
宝山区	11008	11228	220	2.00%
嘉定区	10236	10506	270	2.64%
金山区	5524	5662	138	2.50%
松江区	11597	12232	635	5.47%
青浦区	7601	7862	261	3.43%
奉贤区	7409	7786	377	5.08%
崇明区	2968	2812	–156	–5.26%

数据来源：上海市房屋管理局。

（三）房屋类型

● 1. 居住房屋●

从各区情况来看，浦东新区居住房屋总量规模最大，为 1.67 亿平方米；崇明区居住房屋总量最小，为 0.14 亿平方米。

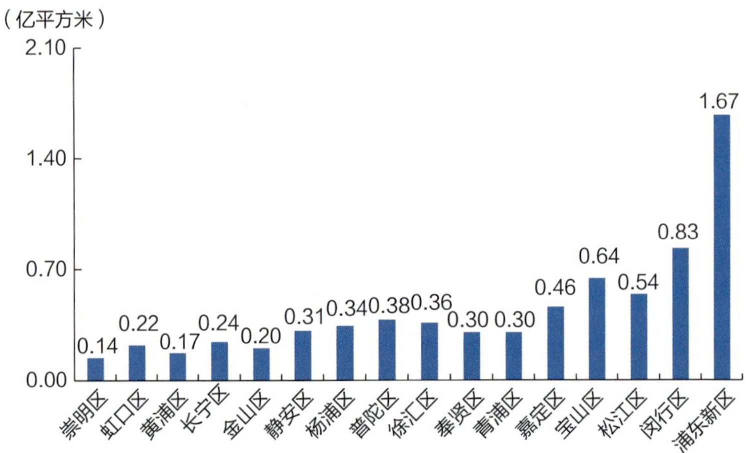

数据来源：上海市房屋管理局。

图 6-2　上海市各区居住房屋总量规模

从居住房屋的类型结构来看，约 93% 的居住房屋为公寓，其他类型的居住房屋占比均较低。

表 6-4　2020 年上海市不同类型居住房屋规模

（单位：万平方米）

区域	居住房屋	花园住宅	联列住宅	公寓		新式里弄	旧式里弄		简屋
				高层公寓	多层公寓		旧式里弄 1	旧式里弄 2	
总　计	71152	1861	1715	34428	31896	256	235	752	10
浦东新区	16726	377	295	8163	7734	0	7	149	1
黄浦区	1658	9	2	1142	281	74	117	32	1
徐汇区	3584	52	11	1870	1573	51	11	15	1
长宁区	2428	58	1	1260	1086	17	0	5	0
静安区	3140	20	4	1682	1295	62	40	36	0
普陀区	3772	13	23	2116	1610	3	5	1	0
虹口区	2185	7	0	1153	917	44	41	21	2
杨浦区	3447	4	25	1538	1795	5	12	68	1
闵行区	8319	308	204	4006	3736	0	0	65	0
宝山区	6365	30	139	2732	3403	0	0	61	0
嘉定区	4598	94	175	2570	1748	0	1	9	0
金山区	2040	18	46	819	1075	0	1	79	0
松江区	5388	395	412	2516	1995	0	0	70	0
青浦区	3018	329	239	1268	1153	0	0	28	0
奉贤区	3038	101	94	1276	1534	1	0	32	0
崇明区	1447	46	42	318	962	0	0	78	2

数据来源：上海市房屋管理局。

从各区的居住房屋类型来看，普陀区的公寓类占本区居住房屋的比例最高，为 98.80%；青浦区公寓类占比最低，为 80.23%。中心城区黄浦区旧里类最高，占区居住房屋总量的 8.94%；青浦区和松江区的花园住宅类、联列住宅类占比最高，分别占区居住房屋总量的 18.83% 和 14.97%。

● 2. 非居住房屋●

从 2020 年上海市非居住房屋的类型比例来看，工厂占比最高，约为 40.17%。

表 6-5　2020 年上海市不同类型非居住房屋规模

（单位：万平方米）

区域	非居住房屋	工厂	学校	仓库堆栈	办公建筑	商场店铺	医院	旅馆	影剧院	其他
总　计	74279	29837	4235	2128	9914	8816	873	1696	76	16704
浦东新区	17015	6175	910	684	2271	1897	153	409	5	4511
黄浦区	2218	120	109	18	843	404	68	147	15	494
徐汇区	2913	528	345	52	842	318	119	90	3	616
长宁区	1893	191	133	28	667	258	38	119	3	455
静安区	2970	443	158	60	839	454	68	173	8	768
普陀区	2515	348	218	154	587	468	37	85	3	616
虹口区	1678	148	123	27	539	303	43	104	6	386
杨浦区	2812	726	409	73	613	318	49	45	3	576
闵行区	8072	3482	555	265	732	937	90	106	3	1902
宝山区	4863	1917	250	309	330	632	31	61	2	1331
嘉定区	5908	2575	233	171	610	764	55	92	8	1401
金山区	3622	2431	134	63	167	400	33	29	1	365
松江区	6844	4340	239	53	303	610	27	64	3	1206
青浦区	4844	2749	126	59	247	533	21	80	3	1028
奉贤区	4748	3069	197	68	230	383	20	44	8	728
崇明区	1364	598	98	45	94	138	21	46	2	321

备注："其他"中包含饭店、福利院、公共设施用房、会所、寺庙教堂、体育馆、文化馆、文化体育娱乐用房、站场码头、宗祠山庄、车库、综合楼、农业建筑、公园用地、业务用房等。

数据来源：上海市房屋管理局。

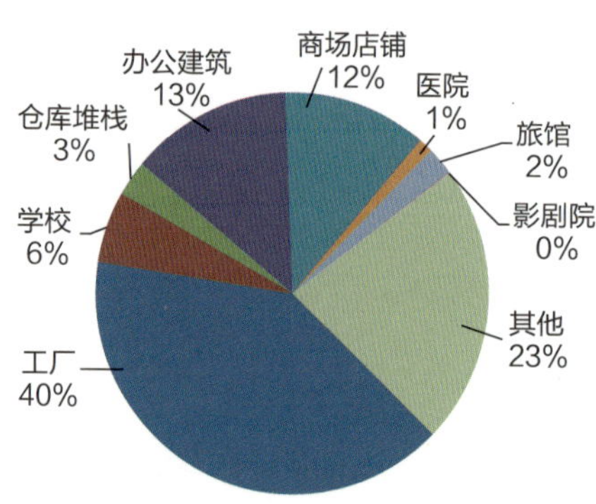

数据来源：上海市房屋管理局。

图 6-3　2020 年上海市非居住房屋类型比例

从各区的非居住房屋类型比例来看，各类非居住房屋占比差异较大。其中，金山区、松江区、奉贤区的工厂用房占比超过60%；黄浦区、虹口区的办公建筑与商场店铺的占比超过了50%。

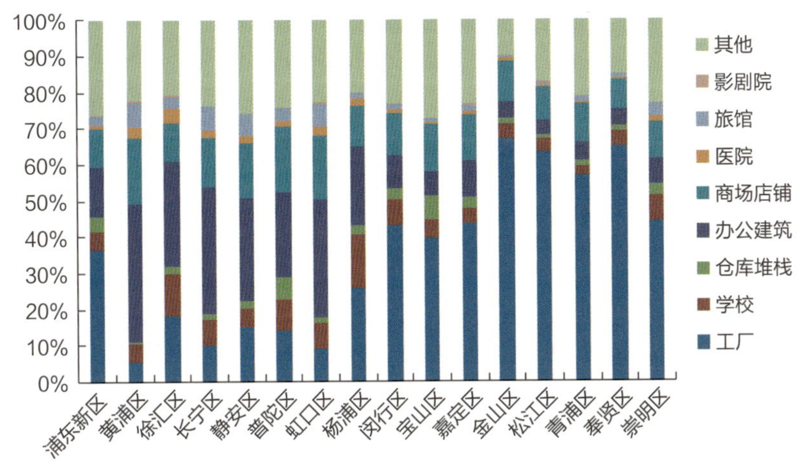

数据来源：上海市房屋管理局。

图 6-4　2020 年上海市各区非居住房屋类型比例

二、物业管理

（一）全年总体情况

● 1. 住宅小区总量和增量●

截至2020年底，上海市共有13188个住宅小区，住宅小区总数比上年增加67个。

较上一年度，从住宅小区数量变化来看，奉贤区住宅小区增幅最大，为6.13%；其次是青浦区，为5.81%；金山区的住宅小区减少数量最多，减少了7.64%，计20个小区。

表 6-6　2020 年上海市住宅小区数量及增幅

（单位：个；%）

区　域	2019 年	2020 年	增加个数	增　幅
黄浦区	810	820	10	1.23
徐汇区	978	993	15	1.53

（续表）

区　域	2019 年	2020 年	增加个数	增　幅
长宁区	810	772	–38	–4.69
静安区	837	819	–18	–2.15
普陀区	712	728	16	2.25
虹口区	803	748	–55	–6.85
杨浦区	944	934	–10	–1.06
闵行区	1073	1083	10	0.93
宝山区	817	837	20	2.45
嘉定区	640	656	16	2.50
浦东新区	2792	2862	70	2.51
金山区	268	248	–20	–7.46
松江区	713	714	1	0.14
青浦区	413	437	24	5.81
奉贤区	359	381	22	6.13
崇明区	152	156	4	2.63
上海市合计	13121	13188	67	0.51

数据来源：上海市物业管理监管与服务平台。

● 2. 住宅小区物业服务覆盖●

截至 2020 年底，上海市有物业服务的住宅小区 12474 个，占住宅小区总量的 94.59%。其中闵行区占比最高，达 99.17%；黄浦区占比最低，为 88.41%。

从 2020 年与 2019 年的对比来看，上海市有十个区的物业服务住宅小区数量上升。比例最高的为长宁区，为 6.78%；比例下降幅度居前的是普陀区、宝山区和黄浦区，均超过了 2%，其中普陀区下降比例最大，为 2.53%。

表 6-7　2020 年上海市各区有物业服务的住宅小区数量

（单位：个；%）

区域	有物业服务的住宅小区		住宅小区		有物业服务住宅小区 / 住宅小区总量	
	2019 年	2020 年	2019 年	2020 年	2019 年	2020 年
浦东新区	2683	2780	2792	2862	96.10	97.13
黄浦区	733	725	810	820	90.49	88.41

（续表）

区域	有物业服务的住宅小区		住宅小区		有物业服务住宅小区 / 住宅小区总量	
	2019 年	2020 年	2019 年	2020 年	2019 年	2020 年
徐汇区	891	907	978	993	91.10	91.34
长宁区	710	729	810	772	87.65	94.43
静安区	737	751	837	819	88.05	91.70
普陀区	686	683	712	728	96.35	93.82
虹口区	724	705	803	748	90.16	94.25
杨浦区	833	850	944	934	88.24	91.01
闵行区	1063	1074	1073	1083	99.07	99.17
宝山区	783	784	817	837	95.84	93.67
嘉定区	632	647	640	656	98.75	98.63
金山区	251	244	268	248	93.66	98.39
松江区	640	675	713	714	89.76	94.54
青浦区	391	413	413	437	94.67	94.51
奉贤区	342	361	359	381	95.26	94.75
崇明区	142	146	152	156	93.42	93.59
上海市	12241	12474	13121	13188	93.29	94.59

数据来源：上海市物业管理监管与服务平台。

● 3. 业委会覆盖●

截至 2020 年底，上海市住宅小区已经成立业委会的住宅小区有 9894 个。

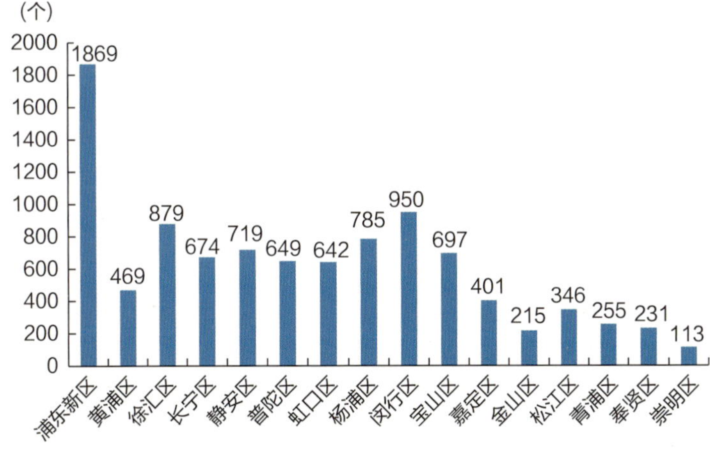

数据来源：上海市物业管理监管与服务平台。

图 6-5　2020 年上海市业委会成立的住宅小区数量

● 4. 维修资金归集 ●

截至 2020 年底，上海市累计归集商品住宅维修资金 753.08 亿元，累计使用 100.80 亿元，总余额 652.28 亿元。2020 年商品住宅维修资金新增金额 48.68 亿元，当年筹集净额 37.39 亿元，使用金额 11.29 亿元。

2020 年，上海市共有 7450 个商品住宅小区的住宅专项维修资金已划转业主大会，其中已入账业主大会的有 6042 个，收益入账率为 81.10%，入账率较去年同期上升 5.14%。2020 年，累计公共收益入账金额为 10.75 亿元，收益补充维修资金为 5.39 亿元。

2020 年，上海市已启动续筹的商品住宅小区共 245 个，归集金额 0.22 亿元。

表 6-8　2020 年上海市商品住宅维修资金情况

（单位：亿元）

区域	当年新增金额	当年使用金额	当年筹集净额	累计筹集金额	累计使用金额	维修资金总余额
总　计	48.68	11.29	37.39	753.08	100.80	652.28
浦东新区	9.94	2.07	7.87	171.19	17.33	153.85
黄浦区	1.11	0.34	0.74	19.35	3.58	15.76
徐汇区	2.36	0.75	1.61	33.35	7.01	26.34
长宁区	1.25	0.50	0.75	23.02	5.51	17.51
静安区	1.63	0.64	0.99	34.16	6.05	28.12
普陀区	1.81	0.80	1.01	42.92	7.09	35.82
虹口区	1.09	0.37	0.71	19.56	4.18	15.38
杨浦区	2.24	0.47	1.78	31.27	5.29	25.98
闵行区	7.43	1.51	5.92	98.66	14.22	84.45
宝山区	3.70	0.89	2.81	59.77	7.08	52.69
嘉定区	3.83	0.66	3.17	57.62	4.62	53.00
金山区	1.25	0.35	0.90	20.31	3.24	17.07
松江区	3.92	1.09	2.83	60.64	8.38	52.25
青浦区	2.68	0.39	2.29	37.17	3.23	33.94
奉贤区	3.60	0.34	3.26	32.13	3.00	29.13
崇明区	0.85	0.10	0.75	11.97	0.99	10.98

数据来源：上海市物业管理事务中心。

● 5. 住宅专项维修资金使用●

从 2020 年商品住宅维修资金使用内容（前十类）方向来看，外立面、附属设施、电梯三项内容的使用金额位居前三位。与上年相比，消防设备维修和外立面工程是增幅最大的两个单项，分别为 21.43% 和 14.42%。

表 6-9　2020 年上海市商品住宅维修资金使用分类表（前十类）

（单位：亿元）

序号	维修对象	使用金额
1	外立面维修	2.46
2	附属设施维修	2.08
3	电梯维修	1.53
4	屋面工程维修	1.10
5	道路维修	0.64
6	弱电维修	0.64
7	排水维修	0.49
8	室内工程维修	0.44
9	消防设备维修	0.34
10	监控设备维修	0.25

数据来源：上海市物业管理事务中心。

● 6. 售后公房专项维修资金●

截至 2020 年底，售后公房累计归集维修资金 135.01 亿元，累计使用 103.33 亿元，余额为 152.69 亿元。2020 年全年售后公房新增归集 0.65 亿元，使用 3.19 亿元。

（二）提升 962121 热线和应急维修规范化建设

加强热线精细化管理，上线 AI 智能语音客服接听居民报修，有力保障夏令热线等重点时期来电畅通、处置及时。截至 2020 年底，962121 热线共计受理 163.07 万件（比上年增长 0.92%），维修办结率、投诉处置率均在 99% 以上。拨出回访电话 31.4 万个，发送回访短信 48.9 万条，赴小区开展现场督办 92 次。报修回访满意率为 98.6%，投诉回访满意率为 94.2%。

整合修缮（拆房）工地等渠道，优化防汛防台信息展示，加强应急指挥中心建设。持续推进区应急中心标准化建设，抓好 2020 年住宅小区房屋应急维修暨防汛防台演练工作落实，组织对各区房屋维修应急中心进行夜间暗访检查，不断提升应急响应和处置能力。

（三）健全完善综合管理机制

会同上海市城市管理行政执法局，针对违法搭建、擅自改变物业使用性质、损坏房屋承重结构、破坏房屋外貌等居住领域违法违规行为，制定印发《关于加强本市住宅物业管理与城管执法联动工作的通知》，明确住宅物业管理与城管执法联动的事项范围、工作流程和工作要求。2020 年 6 月，住宅物业管理与城管执法联动平台正式启动，物业服务企业可以通过上海物业 APP（企业端）或上海市物业管理监管与服务信息平台将违规信息直接报送至城管管执联动平台。通过管理与执法高效联动，做到第一时间发现、第一时间劝阻、第一时间报告、第一时间处置，不断提升管理与执法工作效率。

（四）加强物业行业事中事后监管

加强物业管理招投标活动日常监管，为政策法规修订提供支撑。做好住宅小区物业管理日常监督检查和专项检查。加强对物业服务企业及项目经理的信用管理。做好上海市物业服务合同备案工作，开展对不同用户进行合同备案操作流程的培训。

（五）有序推进智慧物业等项目建设

推进与上海市市场监督管理局合作的“智慧电梯”项目对接，完成了对上海市 90646 台电梯的数据融合，形成电梯困人场景的事件处置闭环。优化上海市住宅小区健康度画像模型，刻画小区生命体征。探索智慧物业与市网格化中心平台对接，实现高坠系统归集数据对接上海市住房和城乡建设管理委员会综管平台。推进区域数据共享，助力各区房屋管理局、房地集团推进物业管理信息平台、网格平台建设。与上海市城市管理行政执法部门携手，通过智慧物业平台，实现住宅小区综合执法业务跨部门联动和信息共享。

（六）切实做好新冠肺炎疫情防控

一是抓好工作落实。针对住宅小区和商务楼宇分别制定了防疫工作要求，要求各物业服务企业切实落实防控工作各项措施。截至2020年底，组织市、区和街镇三级工作人员开展住宅小区和商务楼宇疫情防控专项检查，覆盖住宅小区项目19092个（次），针对复工人数较多的商务楼宇项目进行重点检查，覆盖商务楼宇项目2585个（次）。二是管好行业防疫。落实新冠肺炎防控发热筛查“零报告”制度，督促各物业服务企业落实专人负责返沪员工隔离观察管理工作，每日将员工发热筛查情况报送至所在街镇，督促保安、保洁、绿化等外包供应商按照物业行业要求落实返沪员工隔离观察管理和“零报告”制度。三是发挥专业特长，提升应对能力。通过短信平台、“上海物业”APP、上海住宅物业网等渠道，协调和监督上海市物业服务企业做好住宅小区防疫工作，全年共向物业服务企业发送防疫提示短信28万条。依托智慧物业平台，打造居家隔离电子封条监管应用场景，先后在5个区选取18个住宅小区投入应用。

三、公房管理

（一）公房管理规模

截至2020年底，上海市公有房屋总计约52.68万户，建筑面积约为2408.86万平方米。从管理类型来看，公有房屋包括直管公房、系统公房和其他类房屋，其他类房屋指代管产、老代经、落政代经及宗教产等。从2018年至2020年，总户数及总建筑面积数呈逐年下降状态。

表6-10　2018—2020年上海市公房总量规模

（单位：万户；万平方米）

	2018年		2019年		2020年	
	户数	建筑面积数	户数	建筑面积数	户数	建筑面积数
市、区直管公房	42.12	1751.2	41.09	1708.73	40.04	1662.60
系统公房	23.55	1392.2	9.34	558.43	9.54	591.06
市区和郊区代经代管公房	3.33	158.61	3.28	158.35	3.10	155.20
合　计	69.01	3302.01	53.71	2425.51	52.68	2408.86

数据来源：上海市物业管理事务中心。

（二）公房性质结构

上海市公有房屋包括公有居住房屋和公有非居住房屋。截至2020年底，公有居住房屋约50.39万户、建筑面积约为1959.00万平方米；公有非居住房屋2.29万户、建筑面积约为449.86万平方米。

表6-11　2020年上海市不同类型的公房规模

（单位：万户；万平方米）

类　型	总户数	总建筑面积	居住户数	居住类总建筑面积	非居住户数	非居住类建筑面积
直管公房	40.04	1662.60	38.08	1303.39	1.96	359.21
系统公房	9.54	591.06	9.35	536.20	0.19	54.86
各类代经、代管房屋	3.10	155.20	2.96	119.41	0.14	35.79
总　计	52.68	2408.86	50.39	1959.00	2.29	449.86

数据来源：上海市物业管理事务中心。

（三）户均面积

截至2020年底，上海市公有房屋户均面积为45.73平方米，其中，居住房屋户均面积为38.88平方米，非居住房屋户均面积为196.45平方米。

表6-12　2016—2020年上海市公有房屋户均面积

（单位：平方米）

	2016年	2017年	2018年	2019年	2020年
公有房屋户均面积	47.13	47.22	47.85	45.16	45.73
居住房屋户均面积	42.28	42.36	42.75	38.48	38.88
非居住房屋户均面积	187.82	187.45	191.94	193.06	196.45

数据来源：上海市物业管理事务中心。

（四）加强直管公房安全管理

结合近几年上海市房屋安全排查结果和直管公房的实际情况，2020年公房安全检查重点选取5个区、45.9万平方米的直管公房作为检查实施对象，结合检查数据输入情况，对公房安全检查系统数据库进行部分调整，进一步优化系统运行速度和数据传输关联性，改善数据分析设置的便捷度。

（五）推动构建公房管理工作长效机制

完成6400余幢优秀历史建筑、花园住宅直管公房登记现状梳理工作，并在黄浦区、静安区、长宁区等区选取部分房屋完成办理行政限制的试点工作。对17000余户非居住直管房屋租赁情况进行排摸，研究加强系统公有住房管理的工作方案，开展规范性文件修订清理、上海市租赁条例修订立法准备。开展《中华人民共和国民法典》施行后对公房管理可能产生影响的研究。优化公房管理信息系统应用。全面开展对各区房屋管理局、各区属房管集团的公房管理业务培训，进一步提高基层公房管理矛盾化解能力。配合做好有关单位公房处置及外滩“第二立面”保护利用等相关工作。

四、住宅小区“美丽家园”建设

（一）持续强化业主自我管理

一是加强业委会规范化建设。印发《关于开展本市住宅小区业主委员会规范化运作评价工作的指导意见》，要求各区、各街镇建立指导监督业主委员会工作制度，健全完善业主委员会规范化运作评价机制，推动提升上海市住宅小区业主委员会建设和日常运作规范化水平。二是推进业委会换届改选工作。2020 年应换届改选的业委会共 1216 个，截至 2020 年底，已有 1209 个小区启动换届改选工作，完成率 99.4%。三是充分发挥党建引领作用。进一步扩大居民区党组织对业委会的组织覆盖与工作覆盖，已在 3442 个业委会建立了党的工作小组，464 个业委会建立了党支部，覆盖率均为 100%。四是加强居委会指导监督。上海市已有 4224 个居委会下设环境和物业专业委员会，组建率为 100%；2481 个住宅小区实现居委会成员兼任业委会成员，占符合条件小区数的 100%。

（二）着力补齐住房民生短板

重点聚焦电动自行车充电设施建设、住宅小区雨污混接改造等市政府重点实事项目，统筹推进小区设施设备改造工程。一是着力推进既有小区电动自行车充电设施建设，全年完成 733 个既有住宅小区电动自行车充电设施建设。二是持续做好雨污混接改造，完成 2001 个住宅小区雨污混接改造。三是持续推进住宅小区其他设施设备改造，完成 80 个老旧小区 65 栋高层住宅消防设施改造，对 3368 台老旧住宅电梯进行安全评估，完成 481 台电梯修理改造更新，为 1998 台电梯安装远程安全监测模块、更新改造 7324 个小区安防监控系统，完成 54 个易积水小区整治、3801 个小区二次供水设施移交接管，整治 866 处外挂结构及附属设施安全隐患，完成 1874 个住宅小区主要出入口门岗及管理处规范化建设，实施 27257 个垃圾分类投放设施升级改造。

（三）切实管好小区资金和费用

一是完善售后房公共收益入账机制。修订完善售后房公共收益管理制度，会同市公积金中心、建设银行为售后房小区增设业主大会业委会工作经费子账户、公共收益子账户，相关子账户已于 2020 年 1 月 16 日正式开通。截至 2020 年底，809 个售后房小区公共收益交款 4864 万元，其中 668 个售后房小区用于补充住宅专项维修资金，补充金额为 2892 万元。二是在随申办 APP 增加商品房小区维修资金和公共收益查询功能。会同上海市大数据中心，现已实现“上海物业”APP 与随申办小程序的一网通办的用户体系对接，并在随申办提供的平台上完成所有事项对接所需接口的注册工作，相关查询功能已于 9 月初正式上线。三是推进物业费调价及住宅小区维修资金续筹补建。已有 331 个小区成功调整物业费，139 个商品房小区完成维修资金续筹，85 个外销商品房、侨汇房小区完成维修资金补建。

五、房屋使用安全管理①

（一）建构筑物拆除管理

上海市房屋管理局先后制定下发《关于进一步规范拆除工安全技术培训的通知》《建（构）筑物拆除施工项目经理违章记分管理办法（试行）》和《上海市机械拆除施工人员不良行为记分标准实施细则（试行）》等行业规范性文件，进一步压实企业对安全技术培训的主体责任，推进高处作业持证上岗工作，积极探索推行拆除工

① 本节数据来源：上海市房屋管理局。

程项目经理和机械拆除施工人员记分管理制度，完善行业管理制度。

推进信息化建设。开发“上海市建筑物、构筑物拆除工程项目安全管理信息系统”，已完成电脑端及手机微信端试用版本开发，现已投入试用。积极推进“建（构）筑物拆除工程建设单位申报备案”和“建（构）筑物拆除工程施工单位开工受监”事项接入上海市“一网通办”平台，现已进行初步技术对接和相关法规依据梳理，努力推动行业管理模式进一步向信息化方向发展。

（二）老旧住房安全隐患处置工作及城镇房屋安全隐患排查整治

按计划上海市 2018—2020 年共需完成 1365.66 万平方米一般损坏房屋处置，在 2018 年已完成 719.20 万平方米处置工作的基础上，2019 年各区又完成约 484 万平方米处置任务，2020 年底完成剩余的约 162 万平方米处置任务。

在上海市农村经营性自建房屋排查进行中，已完成浦东新区、宝山区、闵行区、嘉定区、奉贤区、金山区、松江区、青浦区、崇明区九个涉农区下辖 1431 个行政村（不含静安区、普陀区下辖八个集体土地性质的行政村）28554 栋经营性自建房的全面排查。经初步判断存在安全隐患、需进一步专业排查的有 634 栋，已鉴定为危房的有 2 栋。对于存在安全隐患的农村房屋，已要求各区尽快明确整治方案并采取临时避险措施。

与农村房屋安全隐患排查整治工作同步，部署开展城镇房屋安全隐患排查整治工作，起草《关于开展本市城镇房屋安全隐患排查整治的工作方案》，并研究完善技术支持和数据处理等工作。

（三）房屋检测

房屋检测涉及上海市老旧住房隐患排查处置、涉民矛盾化解、优秀历史建筑保护、市属保障房外墙外保温隐患检测和防高坠工作等方面工作，2020 年度行业共完成房屋检测 7039 幢，建筑面积为 3339.9 万平方米。

房屋检测发挥了城市安全运行技术支撑作用。在开展的房屋高坠隐患排查、市属大居外墙外保温脱落处置和农村房屋隐患排查等应急工作中，发挥自身技术和行业管理优势，配合牵头部门制定检测技术方案，督促检测队伍完成应急检测，组织专业技术骨干分别就农村房屋和城镇房屋的技术方案、信息采集等进行了编制，组建 9 个涉农区对口技术指导组，明确相关工作要求，为排查工作开展打下较好的基础。

为进一步提升行业技术水平和管理能级，上海市组织开展《装配整体式混凝土结构套筒灌浆质量检测技术研究和指南编制》《自动化监测技术在建筑安全使用中的应用研究》和《既有多层住宅加装电梯房屋检测技术指南》等课题研究。

（四）城市房屋使用安全管理立法工作

《上海市房屋使用安全管理办法》（以下简称“办法”）在 2020 年 11 月 23 日经上海市人民政府第 105 次常务会议通过，于 2021 年 3 月 1 日起施行。“办法”明确将国有建设用地上合法建设并投入使用的房屋纳入使用安全管理范围，明确房屋使用安全的责任主体及其义务、相关部门监督管理职责和属地管理责任，明确对违反房屋使用安全相关规定的行为有了具体的处罚条款，明确要将相关信息归集到上海市公共信用信息平台，依法对失信主体采取惩戒措施。

“办法”的出台对建立健全长效管理机制、为更好保障房屋使用安全、守牢城市运行安全底线提供房屋安全使用的法治保障。

第七章　房地产金融与税收

从信贷上来看，2020 年，上海市中外资本外币房地产开发贷款同比少增 132.84 亿元，个人住房贷款全年净增 974.55 亿元，同比少增 34.44 亿元。上海市住房公积金实缴单位、实缴职工、缴存额、提取额和发放个人住房贷款呈现增长趋势。根据上海市税务局统计数据，2020 年，上海市房地产业税收为 1833.9 亿元，比上年增长 2.5%。

一、房地产信贷

（一）房地产开发贷款发放

2020 年，上海市中外资本外币房地产开发贷款全年净增 415.76 亿元，同比少增 132.84 亿元。其中，地产开发贷款净减 52.72 亿元，同比多增 87.78 亿元；房产开发贷款净增 468.49 亿元，同比少增 220.61 亿元。

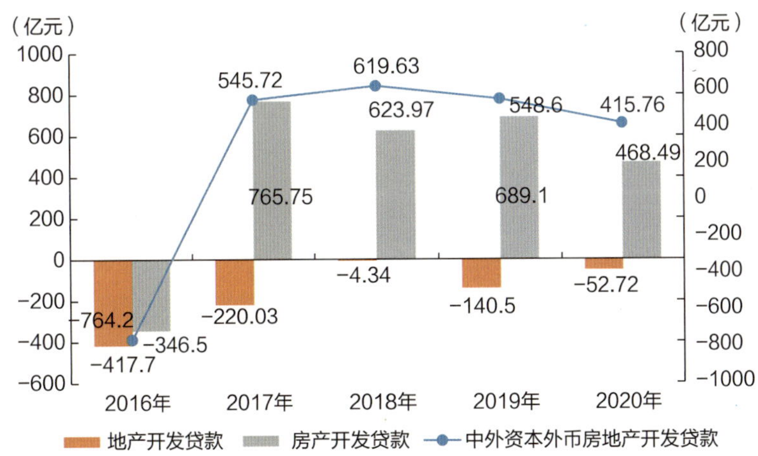

数据来源：中国人民银行上海分行网站。

图 7-1　2016—2020 年上海市中外资本外币房地产开发贷款净增减额及结构

2020 年，上海市保障性住房开发贷款净减 50.21 亿元，同比少增 214.61 亿元。

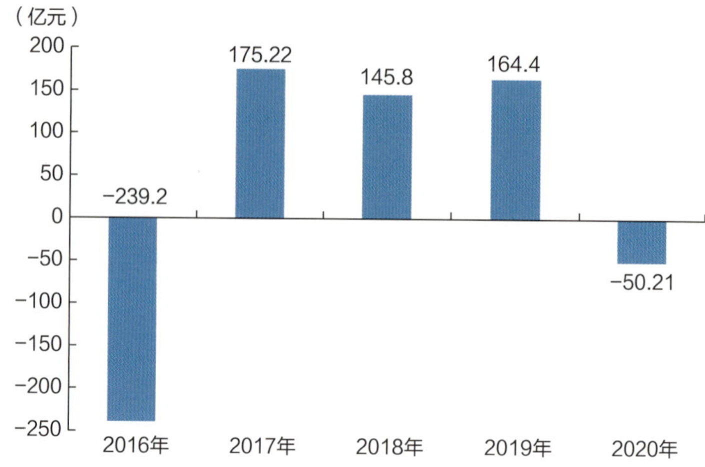

数据来源：中国人民银行上海分行网站。

图 7-2　2016—2020 年上海市保障性住房开发贷款增加额

（二）房地产个人抵押贷款发放

2020 年，上海市本外币个人住房贷款全年净增 974.55 亿元，同比少增 34.44 亿元。其中，个人新建住房贷款净增 215.86 亿元，同比多减 132.33 亿元；二手房贷款净增 758.7 亿元，同比多增 97.9 亿元。

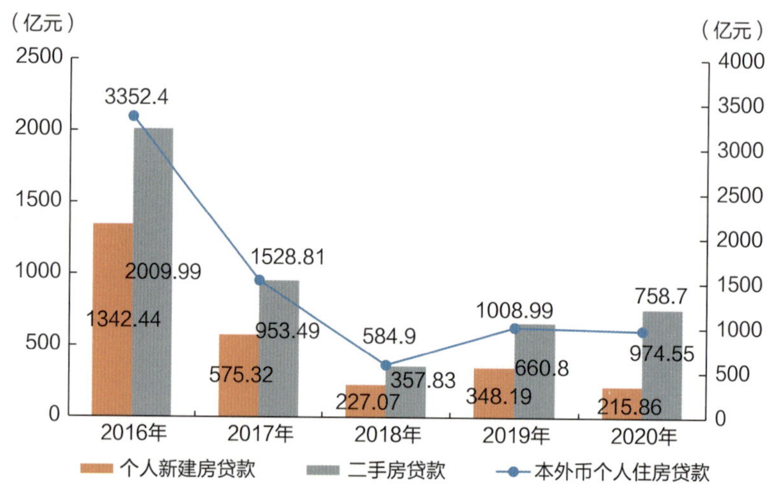

数据来源：中国人民银行上海分行网站。

图 7-3　2016—2020 年上海市新增本外币个人住房贷款净增额及结构

二、住房公积金

（一）缴存

2020 年，上海市公积金新开户单位 5.18 万家，净增单位 2.48 万家；新开户职工 68.50 万人，净增职工 1.55 万人；实缴单位 45.15 万家，实缴职工 884.33 万人，缴存额 1687.39 亿元。截至 2020 年底，上海市缴存住房公积金总额为 12774.99 亿元，比上年增长 15.22%；缴存余额为 5361.77 亿元，比上年增长 13.57%。

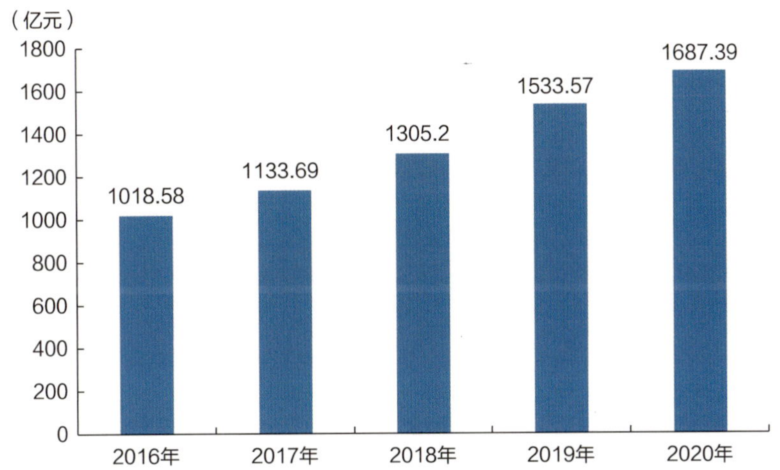

数据来源：上海住房公积金网。

图 7-4　2016—2020 年上海市住房公积金缴存额

2020 年，实缴单位数、实缴职工人数和缴存额比上年分别增长 5.81%、0.18% 和 10.03%。

缴存职工中，从单位性质来看，国家机关和事业单位占 8.47%，国有企业占 11.77%，城镇集体企业占 1.72%，外商投资企业占 16.63%，城镇私营企业及其他城镇企业占 58.06%，民办非企业单位和社会团体占 1.15%，灵活就业人员占 0.05%，其他占 2.15%；从收入情况来看，中、低收入占 89.19%，高收入占 10.81%。

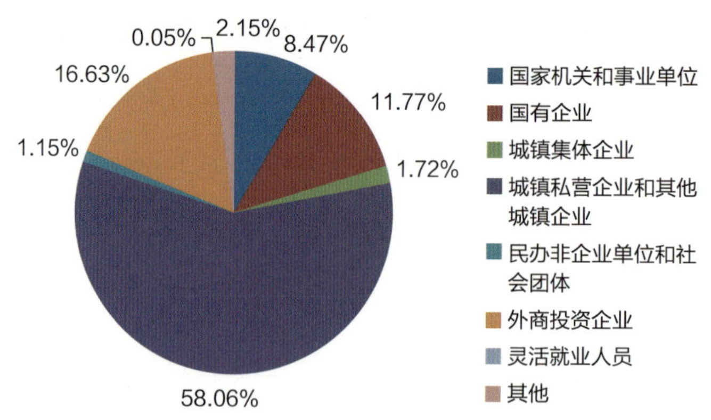

数据来源：上海住房公积金网。

图 7-5　2020 年上海市住房公积金实缴职工按所在单位性质分类

新开户职工中，从单位性质来看，国家机关和事业单位占 3.52%，国有企业占 7.64%，城镇集体企业占 1.22%，外商投资企业占 14.75%，城镇私营企业及其他城镇企业占 70.50%，民办非企业单位和社会团体占 0.83%，灵活就业人员占 0.01%，其他占 1.53%；从收入情况来看，中、低收入占 97.04%，高收入占 2.96%。

（二）提取

2020 年，上海市共有 339.16 万名缴存职工提取住房公积金，提取额为 1046.75 亿元，比上年增长 15.40%；提取额占当年缴存额的

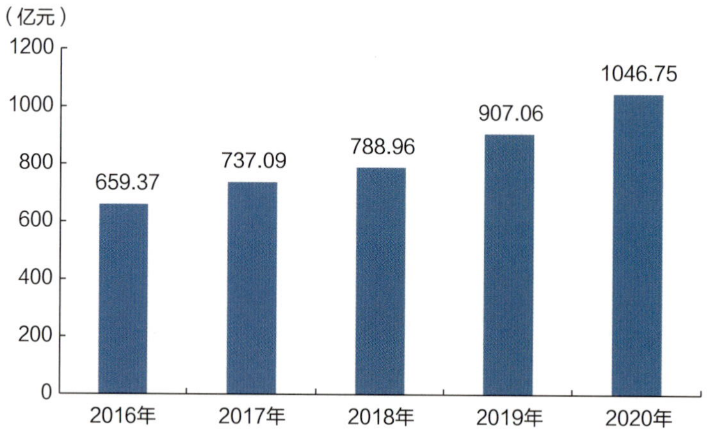

数据来源：上海住房公积金网。

图 7-6　2016—2020 年上海市住房公积金提取额情况

62.03%，比上年增加 2.88 个百分点。截至 2020 年底，上海市住房公积金提取总额为 7413.22 亿元，比上年增长 16.44%。

在提取金额中，住房消费提取占 83%，分别为：偿还购房贷款本息占 66.01%；租赁住房占 11.35%；购买、建造、翻建、大修自住住房占 5.63%；支持老旧小区改造占 0.01%。非住房消费提取占 17%，分别为：离休和退休提取占 14.40%；完全丧失劳动能力并与单位终止劳动关系提取占 0.02%；出境定居占 0.03%；其他占 2.55%。

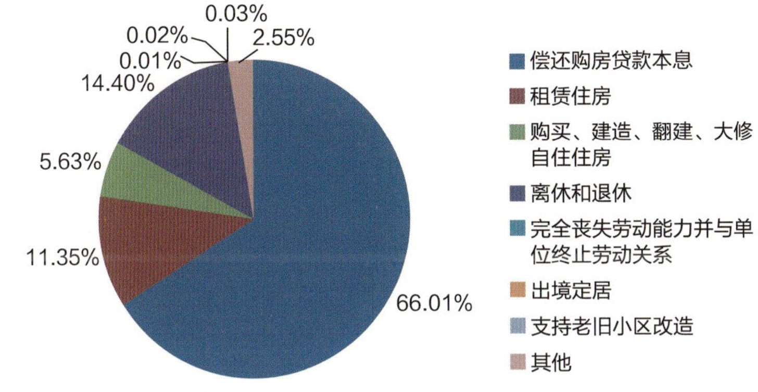

数据来源：上海住房公积金网。

图 7-7　2020 年上海市住房公积金提取额按提取原因分类

提取职工中，中、低收入占 83.26%，高收入占 16.74%。

（三）贷款

1. 个人住房贷款

2020 年，上海市购买首套住房家庭最高贷款额度为 100 万元（个人为 50 万元），缴交补充公积金的最高贷款额度为 120 万元（个人为 60 万元）；上海市购买第二套改善型住房家庭最高贷款额度为 80 万元（个人为 40 万元），缴交补充公积金的最高贷款额度为 100 万元（个人为 50 万元）。受委托办理住房公积金个人住房贷款业务的银行 19 家。

2020 年，上海市发放个人住房贷款 15.08 万笔、共计 1029.18 亿元（含贴息贷款置换 0.01 万笔、0.58 亿元），比上年分别增长 7.10%、9.58%；回收个人住房贷款 500.48 亿元。

截至 2020 年底，上海市累计发放个人住房贷款 283.32 万笔、共计 9757.14 亿元，贷款余额 4978.75 亿元，比上年分别增长 5.62%、11.79%、11.88%。个人住房贷款余额占缴存余额的 92.86%，比上年末减少 1.40 个百分点。

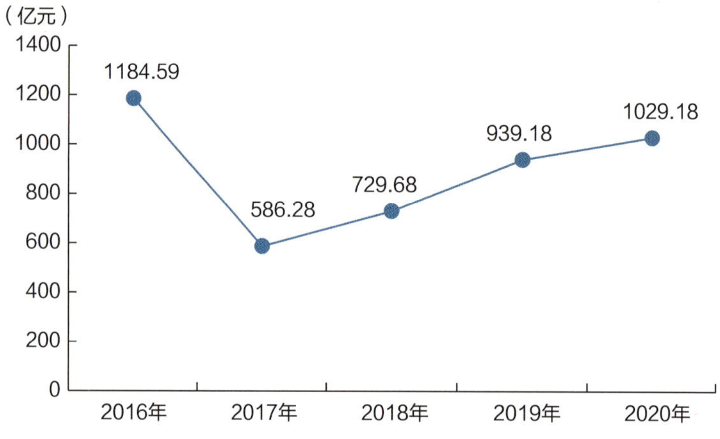

数据来源：上海住房公积金网。

图 7-8　2016—2020 年上海市住房公积金个人住房贷款发放额情况

2020 年，贷款用于支持职工购建房 1298.34 万平方米，年末个人住房贷款市场占有率为 24.72%，比上年末增加 0.75 个百分点。通过申请住房公积金个人住房贷款，在贷款合同约定的存续期内可节约职工购房利息支出 192.18 亿元。

职工贷款笔数中，购房建筑面积 90（含）平方米以下占 62.56%，90—144（含）平方米占 33.00%，144 平方米以上占 4.44%。购买新房占 29.01%（其中购买保障性住房占 7.26%），购买二手房占 70.99%。

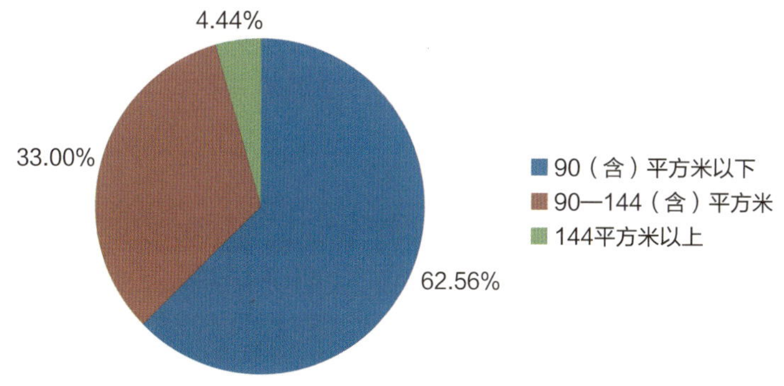

数据来源：上海住房公积金网。

图 7-9　2020 年上海市个人住房贷款职工贷款笔数按面积分类

职工贷款笔数中，单缴存职工申请贷款占 51.96%，双缴存职工申请贷款占 47.81%，三人及以上缴存职工共同申请贷款占 0.23%。

贷款职工中，30 岁（含）以下占 26.19%，30 岁至 40 岁（含）占 55.35%，40 岁至 50 岁（含）占 15.50%，50 岁以上占 2.96%；首次申请贷款占 85.91%，二次及以上申请贷款占 14.09%；中、低收入占 87.91%，高收入占 12.09%。

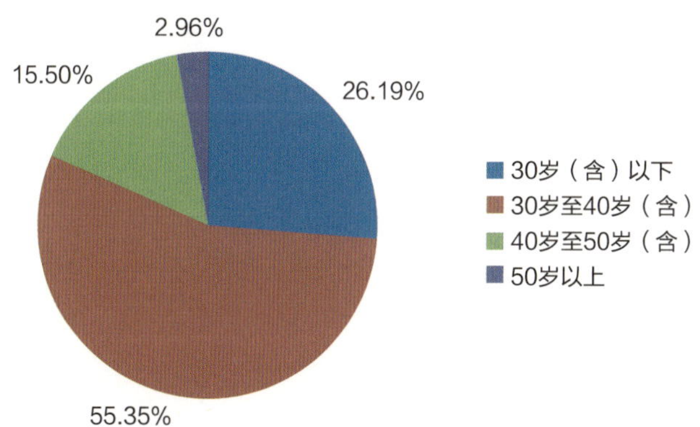

数据来源：上海住房公积金网。

图 7-10　2020 年上海市个人住房贷款职工按年龄分类

● 2. 住房贡献率 ●

2020 年，个人住房贷款发放额、住房消费提取额的总和与当年缴存额的比率为 112.48%，比上年增加 1.67 个百分点。

（四）政策调整情况

● 1. 调整 2020 年度住房公积金缴存基数和月缴存额上下限 ●

2020 年，上海市住房公积金缴存基数、比例以及月缴存额上下限的调整时间从 4 月 1 日调整至 7 月 1 日。自 2020 年 7 月 1 日起，职工住房公积金的缴存基数由 2018 年月平均工资调整为 2019 年月平均工资。2020 年度职工本人和单位住房公积金缴存比例为各 5% 至 7%，由单位自主确定；单位可以自愿参加补充住房公积金制度，补充住房公积金缴存比例为各 1% 至 5%。2020 年度上海市住房公积金月缴存额上下限如下：

表 7-1　2020 年上海市住房公积金月缴存额上下限

（单位：%；元）

类　型	单位和个人缴存比例	月缴存额上限	月缴存额下限
住房公积金	各 7	3922	348
	各 6	3362	298
	各 5	2802	248
补充住房公积金	各 5	2802	248
	各 4	2242	198
	各 3	1682	148
	各 2	1120	100
	各 1	560	50

数据来源：上海住房公积金网。

对缴存住房公积金确有困难的单位，符合规定情形的，可以按照上海市降低住房公积金缴存比例或缓缴住房公积金管理办法的相关规定，申请降低住房公积金缴存比例或缓缴。

● 2. 实施既有多层住宅加装电梯提取住房公积金政策 ●

上海市自 2020 年 2 月 1 日起施行《关于本市既有多层住宅加装电梯提取使用住房公积金的通知》。凡上海市按照既有多层住宅加装电梯的相关规定实施加装电梯的，加装电梯项目正式施工后，已先行支付建设资金的业主（房屋产权人或者公有住房承租人），可以申请提取业主本人及配偶住房公积金账户资金，不足时可以申请提取业主本人直系血亲住房公积金账户内的存储余额，用于加装电梯中个人所需支付的建设资金。提取总额不超过业主家庭分摊的电梯建设费用以及实际出资金额，且各申请人提取金额不超过申请人住房公积金账户余额。

● 3. 出台个人购买征收安置住房贷款政策 ●

为进一步发挥住房公积金制度的作用，上海市出台《上海市住房公积金个人购买征收安置住房贷款管理试行办法》，明确上海市旧区改造的居民在征收补偿中选择征收安置住房且征收安置住房的价格（不含其他费用）超过其获得的征收补偿金额，可就征收安置住房需补交差价部分申请公积金贷款，并于2021年1月24日施行。

● 4. 出台外籍、获得境外永久（长期）居留权在沪工作人员住房公积金贷款政策 ●

针对在上海市工作的外籍人员、获得境外永久（长期）居留权人员，上海市出台《关于在沪工作的外籍人员、获得境外永久（长期）居留权人员住房公积金个人住房贷款若干问题的通知》，并于2020年12月20日起施行，明确外籍人员、获得境外永久（长期）居留权人员申请住房公积金个人住房贷款的资格、条件、额度、期限、利率及房屋套数认定标准参照上海市住房公积金个人住房贷款现行规定执行。

（五）改革创新情况

2020年8月20日，长三角住房公积金一体化战略合作框架协议签约仪式暨第一次联席会议在上海市顺利召开。2020年，“一市三省”已率先推进跨地区购房信息协查、异地贷款证明信息互认、购房提取异常地区警示公告、长三角住房公积金一体化服务专栏等合作项目落地。今后“一市三省”将通过齐力打造信息数据共享、业务标准统一、风险防范协同的“长三角住房公积金一体化”服务品牌，共同推动长三角地区住房公积金管理和服务水平成为行业标杆。

三、房地产税收

根据上海市税务局统计数据显示，2020 年上海市房地产业税收为 1833.9 亿元，同比增长 2.5%，占上海市税收收入（不含证券交易印花税）的 14.82%。

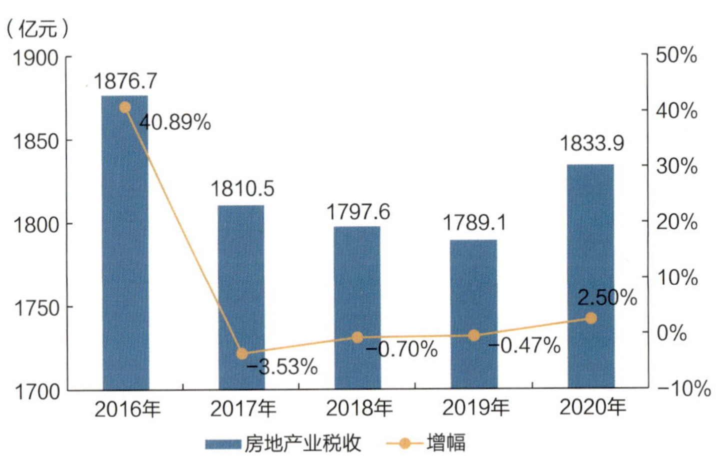

数据来源：上海市税务局。

图 7-11　2016—2020 年上海市房地产业税收额及增幅

从结构上来看，土地增值税占比最大，为 24.83%；其次为企业所得税和增值税，两项合计占比为 44.68%。从增幅上来看，土地增值税和契税上涨最多，增幅都为 21.98%；城镇土地使用税减少最多，减幅为 22.70%。

表 7-2 2020 年上海市房地产业税收结构

（单位：亿元；%）

项 目	报告期数	同比	占比①
房地产业税收	1833.9	2.50	14.82
企业所得税（房地产业）	413.73	–12.38	22.56
增值税（房地产业）	405.57	–8.03	22.12
契税（房地产业）	330.64	21.98	18.03
房产税（房地产业）	85.59	–10.94	4.67
土地增值税（房地产业）	455.37	21.98	24.83
城镇土地使用税（房地产业）	4.80	–22.70	0.26
房屋转让个人所得税（个人销售不动产）	62.43	21.93	3.40

数据来源：上海市税务局。

① 房地产业税收占比指占上海市税收收入比例；其他税种占比指占房地产业税收比例。

第八章　房地产各行业发展情况

2020年，面对新冠肺炎疫情造成的影响，上海市房地产各行业积极作为、主动担当、迎难而上，在全力防控疫情的基础上，积极开展各项服务工作。上海市房地产开发行业，房企数量和从业人员数量稳步增长。上海市房地产经纪行业积极贯彻国家政策、落实行政监管、推行行业自律，加强行业信用建设，重点对房屋租赁市场进行研究，引导规范经营。上海市房地产估价行业顺应国家经济高质量发展对现代服务业的要求，积极拓展估价服务领域，探讨行业发展思路，引领行业维护公平竞争、防范估价风险，营造良好的发展环境。上海市物业管理行业聚焦热点难点，凝聚力量助推行业健康发展，持续推动质价相符的市场价格体系的建立，并以强化人才队伍建设为基础，以创新为驱动，扩大行业影响力，大力推动长三角物业行业的联动合作，助力脱贫攻坚。

一、房地产开发行业

（一）行业概况

2020年，上海市房地产开发行业共有企业6080家，比上年增长4.97%。其中，中资企业增加247家，外资企业增加41家。

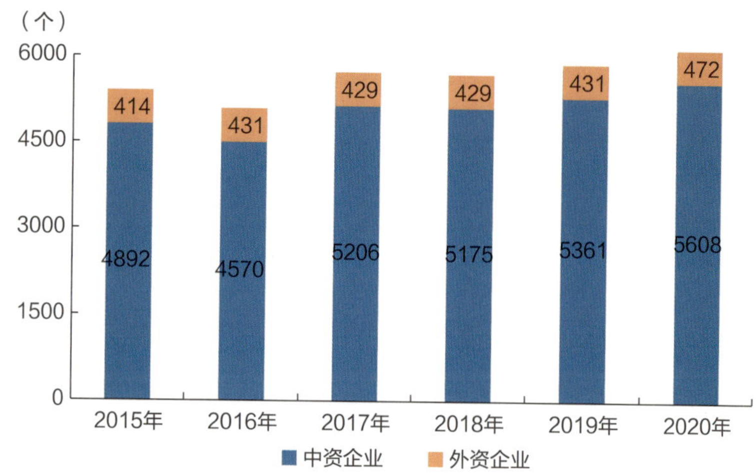

数据来源：上海市房屋管理局。

图 8-1　2015—2020 年上海市房地产开发行业企业规模

从 2020 年上海市房地产开发企业资质分布情况来看，绝大多数为暂定，其次为三级资质，占比为 8.40%、二级资质占比为 6.10%、一级资质占比为 0.41%。

表 8-1　2020 年上海市开发企业资质情况

（单位：%）

	一级	二级	三级	暂定	合计
合　计	0.41	6.10	8.40	85.08	100.00
中资企业	0.41	6.44	8.31	84.84	100.00
外资企业	0.42	2.12	9.53	87.92	100.00

数据来源：上海市房屋管理局。

2020 年，上海市房地产开发行业从业人员为 78621 人，比上年增长 47.36%。其中，中资企业人员增加 22604 人，外资企业人员增加 2667 人。

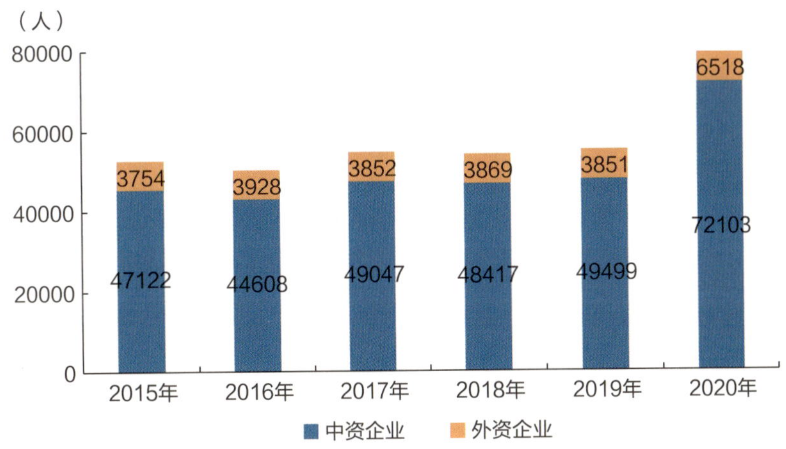

数据来源：上海市房屋管理局。

图 8-2　2015—2020 年上海市房地产开发行业从业人员规模

（二）主要工作

● 1. 主动开展调研，为政府部门出台纾困政策建言献策 ●

2020 年 2 月，为及时了解新冠肺炎疫情对行业的影响，上海市房地产行业协会对上海市 67 家大型会员企业进行调研，为政府出台纾困政策提供参考。

● 2. 积极帮助会员企业贯彻调控政策和研判市场 ●

2020 年，上海市房地产行业协会积极为上海市房地产市场健康稳定发展和会员企业经营活动出谋划策，先后完成了《2020 年上半年上海房地产市场情况调研报告》和《2020 年上海房地产市场运行情况调研报告》。此外，协会定期进行房地产市场月度分析研究，发布每月市场情况简报、每月市场交易数据、行业动态和企业资讯。

● 3. 搭好会员企业反映诉求的平台，做好政企双向沟通 ●

2020 年，上海市房地产行业协会共召开三次座谈会，邀请上海市住房和城乡建设管理委员会、上海市房屋管理局等政府管理部门与会员企业进行座谈交流。座谈会内容涵盖房地产市场走势研判、绿色建筑推进工作等企业所关注的问题。通过双向交流，宣讲了各项行业的最新政策，通报了市场的最新情况，也让政府部门了解企业的经营情况以及相关诉求，持续为会员搭建诉求反映平台。

● 4. 开展 2018—2019 年上海市房地产开发企业 50 强研究 ●

2020 年，上海市房地产行业协会开展了“2018—2019 上海房地产开发企业 50 强研究”课题研究。课题成果报告对参研企业 2018—2019 年的经营数据进行汇总分析，展现这两年房地产行业的发展特点，发掘优秀企业应对市场考验的经验和做法，并对企业未来的发展提出了相应的策略建议。

二、房地产经纪行业

（一）行业概况

截至 2020 年底，上海市共有备案的房地产经纪机构 15481 家，比上年增长 17.82%；分支机构 6355 家，比上年增长 24.46%。其中，外资企业 690 家，占 4.69%；内资企业 14720 家，占 95.08%。

表 8-2　2020 年上海市备案的房地产经纪机构情况

类　别	2015 年	2016 年	2017 年	2018 年	2019 年	2020 年
机构备案合计（个）	8497	10159	11542	12131	13139	15481
其中：外资	498	553	637	620	690	726
外商独资	368	388	453	442	528	547
中外合资合作	24	27	28	28	28	30
港澳台独资	106	138	156	150	134	149
其中：内资	7999	9606	10905	11511	12449	14720
合伙企业	73	83	89	89	99	115
股份制机构	472	729	979	993	1012	1286
国有机构	434	738	769	851	887	936
其他有限责任公司	2964	3645	4332	4668	5384	6846
个人独资机构	3941	4205	4380	4543	4703	5188
其他	115	206	356	367	364	349
在册人员总数（人）	38500	48637	57084	56366	55981	18732
其中：持房地产经纪人员资格证（人）		17344	17260	16899	12581	18666
分支机构数（个）	2554	3664	4664	4784	5106	6355

数据来源：上海市房屋管理局。

（二）主要工作

● 1. 贯彻国家政策，落实行政监管 ●

2020 年初暴发新冠肺炎疫情，上海市房地产经纪行业协会配合政府管理部门做好信息传递、沟通等工作。在逐步复工期间，通过召开视频会议，了解企业复工、复产阶段状况、需求及诉求。2020 年 7 月，协助上海市公安局人口管理办公室召开了“住房租赁行业实有人口信息合规登记”动员会。2020 年第四季度，协会通过培训会、解读会、解读直播、咨询群等多种形式对《上海市存量房房源核验及信息发布操作规范》进行解读，为经纪企业传达政策，答疑解惑。

● 2. 进一步加强房屋租赁市场研究、引导规范经营 ●

2020 年 8 月 12 日，组织召开上海市住房租赁行业交流会。会议以“疫·寓何为”为主题，邀请行政管理部门、专家学者、行业代表等参加，以帮助住房租赁企业及时完善现有商业模式，积极探索新业务模型，有效应对疫情影响，推动上海市住房租赁行业长期稳定发展。

协助政府做好租赁企业调研，关注租赁行业风险。2020 年第三季度，由长租公寓“爆仓”引发的行业风险受到社会舆论广泛关注。为早识别、早防范相关风险，协会进行实地调研，从上海长租公寓行业基本情况、近期信访投诉情况、长租公寓行业近期风险分析、相关建议等方面梳理材料，及时向政府管理部门汇报。

● 3. 积极推动行业自律和诚信体系建设 ●

2020 年 5 月 21 日，上海市房地产经纪行业信用信息平台正式上线。信用平台采用区块链等技术解决诚信数据壁垒问题，运用共建共享机制，并结合从业人员信息卡备案、黑名单管理、从业信息公示、经纪人员业务记录与评价等系统，建立经纪行业公开透明的平台。

诚信平台定期公布以下内容：

（1）黑名单公示。自2020年5月起，通过上海市房地产经纪行业信用信息平台正式对社会公布，每月更新。截至2020年底，黑名单累计发布8批，共计315条违规信息。

（2）信访排行榜。每月发布区级信访排行数据情况，从第一期2个区1个平台（徐汇区、静安区、巴乐兔平台），现已扩展到6个区1个平台（徐汇区、静安区、浦东新区、闵行区、嘉定区、虹口区、巴乐兔平台）。

（3）行政处罚汇总。每月汇总行政管理部门对于房地产经纪公司的行政处罚案例，并通过平台对外公示。

2020年，上海市房地产经纪行业协会共受理各类经纪纠纷信访案件1500余件；组织商品房销售人员上岗证培训（共计758人次含初训和复训）、经纪人密钥复训；组织职业资格考试和证书发放工作，其中经纪人考试4255人次，协理考试966人次。

三、房地产估价行业

（一）行业概况

截至2020年底，上海市共有房地产估价机构66家。其中，一级资质38家、二级资质8家、三级资质4家，暂定三级1家，外省市在沪分支机构15家。从2020年上海市估价机构资质分布来看，一级资质机构数量最多，占比为57.6%；其次是外省市在沪分支机构，占比为22.7%；二级资质占比为12.1%；三级资质占比为6.1%，暂定三级占1.5%。

近五年数据显示，上海市高资质机构占比维持在高位，二级资质机构数减少38%。

表 8-3 2016—2020 年上海市房地产估价机构情况

（单位：个）

	2016 年	2017 年	2018 年	2019 年	2020 年
一级资质	33	37	38	38	38
二级资质	13	10	12	8	8
三级资质	19	10	5	5	4
暂定三级	3	2	0	0	1
外省市在沪分支机构	9	15	14	13	15
合计估价机构个数	77	74	69	64	66

数据来源：上海市房地产估价师协会。

截至 2020 年底，上海市注册房地产估价师 1131 人，辅助人员 1199 人，合计 2330 人。近五年数据显示，上海市房地产估价行业从业人员总数量相对平稳，其中注册房地产估价师近四年数量略有上升。

表 8-4 2016—2020 年上海市房地产估价行业人员情况

（单位：人）

	2016 年	2017 年	2018 年	2019 年	2020 年
注册房地产估价师	1035	1031	1049	1066	1131
辅助人员	2090	1222	1166	1222	1199
合计从业人员	**3125**	**2253**	**2215**	**2288**	**2330**

数据来源：上海市房地产估价师协会。

从估价行业业务量来看，2020 年，上海市房地产估价行业完成各类估价项目 16.19 万个，同比增加约 1.83 万个，增幅约 12.7%；涉及总房屋建筑面积约为 4.88 亿平方米，同比增加 1.62 亿平方米，增幅约 49.7%；总评估价值 7.28 万亿元，同比增加 0.02 万亿元，与上年基本持平；总经营收入约 14.43 亿元，同比增加 1400 万元，增幅约 1%，其中房地产评估收入约 13.25 亿元（约占总经营收入的 91.8%），同比减少约 2300 万元，降幅约 1.7%。

经营收入列前十的房地产估价机构合计约 7.35 亿元，约占房地产评估收入的 55.5%；其中一级资质机构（38 家）总收入 12.74 亿元，约占 96.2%。机构平均评估收入 2007 万元 / 家，比上年减少约 3.3%；行业人均评估收入约 57 万元，与上年基本持平。

表 8-5　2016—2020 年上海市房地产估价行业主要业务情况

	2016 年	2017 年	2018 年	2019 年	2020 年
完成各类估价项目个数（万个）	19.16	12.31	10.63	14.36	16.19
总房屋建筑面积（亿平方米）	2.41	2.83	3.98	3.26	4.88
总评估价值（万亿元）	3.77	4.18	5.94	7.26	7.28
总经营收入（亿元）	13.07	14.08	15	14.29	14.43
其中房地产评估收入（亿元）	12.51	13.07	14.44	13.48	13.25
经营收入前十的房地产估价机构合计收入（亿元）	6.43	7.22	7.1	6.73	7.35
一级企业总收入（亿元）	10.8	12.2	12.38	11.86	12.74
企业平均评估收入（万元 / 家）	1560	1790	2123	2076	2007
行业人均评估收入（万元）	60	60	65	58	57

数据来源：上海市房地产估价师协会。

从业务领域分布来看，抵押评估、税收评估、房地产咨询依然是各估价机构参与度较高的业务领域。2020 年，上海市评估项目数位列前六的项目分别是：抵押评估项目约 12.43 万个、税收评估项目约 2.14 万个、其他目的的评估项目约 0.5 万个、顾问咨询服务项目约 0.37 万个、房地产纠纷评估项目约 0.17 万个、征收评估项目约 0.11 万个，此六类项目合计约占总项目数 97.1%。

2020 年上海市估价行业经营收入中，按照评估目的列前五的项目，分别是征收评估项目收入约 3.57 亿元、抵押评估项目收入约 3.18 亿元、顾问咨询服务收入约 1.83 亿元、其他目的收入约 1.26 亿元、税收评估收入 1.49 亿元，此五类合计约占房地产评估收入 85.5%。

2020 年估价、顾问咨询服务收入、征收评估服务收入均比上年有所减少，减幅为 1.61%—7.4%；税收评估服务收入增加约 0.19 亿元，增幅约 14.6%；抵押评估项目收入增加约 0.01 亿元，与上年基本持平。

表 8-6　2016—2020 年上海市房地产估价行业的主要业务领域

（单位：万个；亿元）

	2016 年		2017 年		2018 年		2019 年		2020 年	
	项目数	营业收入	项目数	营业收入	项目数	营业收入	项目数	营业收入	项目数	营业收入
抵押	14.87	3.78	8.54	3.12	7.48	2.98	10.85	3.17	12.43	3.18
税收	2.1	1.27	1.3	1.11	1.35	1.16	1.89	1.30	2.14	1.49
咨询	0.89	1.65	1.25	1.77	0.61	2.13	0.37	1.86	0.37	1.83
其他	0.52	1.72	0.39	1.51	0.38	2.26	0.41	1.36	0.50	1.26
纠纷	0.27	0	0.24	0.35	0.24	0.34	0.24	0.36	0.17	0.26
征收	0.17	2.48	0.19	3.94	0.14	4.61	0.14	3.73	0.11	3.57

数据来源：上海市房地产估价师协会。

（二）主要工作

1. 克服疫情影响，行业发展稳步推进

2020 年初，上海市房地产估价师协会向全行业发出防疫倡议书和相关通知，落实疫情防控各项措施。随着疫情防控向常态化转变，协会积极了解疫情期间各机构情况，解决复工复产面临的问题，并通过视频通信、远程在线查勘等方式，满足了疫情期间的估价需求。

上海市房地产估价师协会通过研讨会、报告会等形式，组织机构深入探讨行业发展思路，引导行业转换发展方式，鼓励机构做精做深做细传统业务，向房地产估价业务的纵向延伸；引导机构依据自身的专业特长和人才优势，在城市更新、乡村振兴、优秀历史保护建筑、国资领域、物业费评估等方面拓展新兴业务，进一步拓展估价服务领域。

上海市房地产估价师协会引导行业维护公平竞争的房地产估价

市场，防范估价风险。协会坚持房地产估价收费备案制度，核查各机构的备案与现实收费情况，发现问题及时纠正；支持由部分机构发起的《房地产抵押估价业务自律约定》活动，并于2020年9月份组织签署仪式；对于部分机构存在不遵守自律约定的情况，协会自律委员会在分析研究的基础上开展通报、约谈、警示及抽查报告等措施，维护行业发展的良好环境。

● 2. 配合行政监管，行业自律不断加强 ●

2020年，上海市房地产估价师协会受上海市房屋管理局委托，对房地产估价机构备案材料初审和房地产估价师注册申请初审；协助行政监督检查，组织召开对房地产估价机构检查工作会议，协助上海市房屋管理局核查了上海市所有备案机构的备案条件和等级条件、估价师注册等情况；组织房地产征收专项检查，对其中12家机构进行实地检查，随机抽查了42个项目，对发现的问题各机构进行整改，行业自律持续推进；组织开展评优、弘扬先进活动，推动行业信用体系建设，引导行业健康发展。

● 3. 积极主动作为，行业建设深入推进 ●

上海市房地产估价师协会组织丰富的专题培训，内容涵盖：房地产征收评估、房地产司法评估、房地产证券评估、历史建筑经济价值评估、城市更新内涵与发展。疫情期间，行业网络教育平台推出了29个课件，首次尝试制作了估价案例分析培训视频，作为继续教育课件内容。

上海市房地产估价师协会专家委员会承担各区旧改征收估价鉴定工作。2020年，组织74次实地踏勘和鉴定合议会议，共有222人次专家参与征收评估鉴定工作。

● 4. 科研指导实践，行业科技结出硕果 ●

上海市房地产估价师协会搭建《上海市房地产估价行业服务

平台》(一期)，不动产登记信息查询系统全年累计查询使用数达到13000多例。2020年，累计完成机构信息、人员信息等报告备案达164500份。

2020年，通过课题研究攻克估价实务中的难题，在课题研究的基础上，将较成熟的研究成果转化为评估技术口径、指导意见向行业发布，为行政主管部门修订、制定相关文件提供重要参考和依据。

四、物业服务行业

(一)行业概况

2020年，上海市注册物业服务企业个数总计5988家，比上年增加311家。在各行政区注册物业服务企业中：浦东新区以558家位列所有行政区之首，占比为9.31%；闵行区位居第二有319家，占比为5.32%。

表8-7 2020年上海市各区物业服务企业情况

(单位：个；万平方米)

行政区	注册物业服务企业个数	注册物业服务企业管理物业项目个数	管理物业建筑面积
黄浦区	211	1495	8021.35
徐汇区	144	846	4298.17
长宁区	148	801	4097.00
静安区	172	883	4405.72
普陀区	132	587	3450.79
虹口区	160	857	4091.36
杨浦区	182	1122	5635.35
宝山区	184	962	7757.00
闵行区	319	1086	9187.51
嘉定区	233	927	7028.68
浦东新区	558	2729	17574.15

（续表）

行政区	注册物业服务企业个数	注册物业服务企业管理物业项目个数	管理物业建筑面积
奉贤区	237	537	4703.53
松江区	164	673	4651.08
金山区	150	424	2909.77
青浦区	222	638	5035.30
崇明区	173	472	2843.05
无注册区①	2599	283	1323.61
总计	5988	15322	97013.42

数据来源：上海市房屋管理局。

2020 年，上海市注册物业服务企业管理物业项目个数总计 15322 个，比上年增加 455 个。在各行政区注册物业服务企业管理物业项目中：最多的是浦东新区 2729 个，占比为 17.81%；其次是黄浦区 1495 个，占比为 9.75%；第三是杨浦区 1122 个，占比为 7.32%。

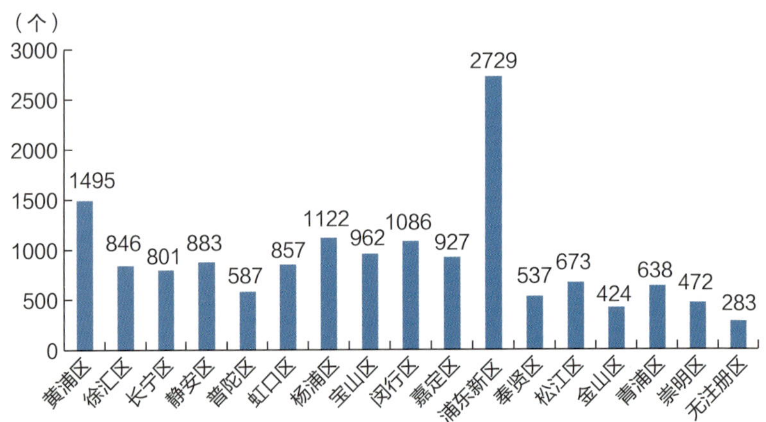

数据来源：上海市房屋管理局。

图 8-3　2020 年上海市各区注册物业企业管理物业项目个数

① 无注册区：在上海市注册但尚未填报注册区的物业服务企业。

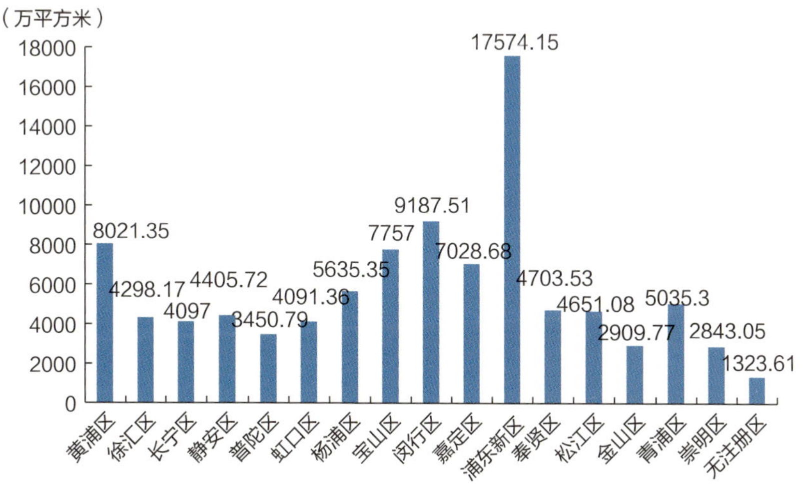

数据来源：上海市房屋管理局。

图 8-4　2020 年上海市各区注册物业企业管理物业建筑面积

2020 年，上海市注册物业服务企业管理的物业建筑面积总计为 97013.42 万平方米，比上年增加 5601.73 万平方米。在各行政区注册物业企业管理的物业建筑面积中，最多的是浦东新区，为 17574.15 万平方米，占比 18.11%；其次是闵行区 9187.51 平方米，占比 9.47%；第三是黄浦区 8021.35 万平方米，占比 8.27%。

（二）主要工作

● 1. 坚持党建引领，扎实推进物业行业高质量发展 ●

上海市物业管理行业协会举办了“第七期物业企业党组织书记培训班”和多场专题培训和讲座报告，深入学习宣传贯彻党的十九大和十九届四中、五中全会精神。在全行业深入开展“三优一先”和首批行业党建品牌创建活动、第四届最美物业人评选活动大力推广物业管理党建工作项目的示范品牌效应，推进行业宣传弘扬行业精神。上海市物业管理行业协会指导各区党建分会和企业党建工作，加强对会员单位党组织建设工作的指导研究，完成了上海市委党建研究会“党建引领物业治理”和“加强商务楼宇党建”两项课题研究。

● 2. 全力防控疫情，用行动展示物业行业风采和担当●

为全力防控疫情，2020 年 1 月 22 日，上海市物业管理行业协会紧急下发《关于做好新冠疫情防控工作的紧急通知》，并组织编写《非居物业新型冠状病毒防控工作指南》《关于应对新型冠状病毒疫情的电梯指引》等各领域防疫工作指南，同时持续开展在线防疫专业培训；推出“物学网直播课堂”全新品牌，发布系列公益直播课程 11 场，累计 69506 人次参加学习。此外，上海市物业管理行业协会主动协调第三方公司或组织，推出 36.5 万份员工健康保险、3316 个社区快递货架和新冠核酸预约检测服务，并为上海市 32 家物业服务企业申请到 540 万元在线培训补贴。

● 3. 聚焦热点难点，凝聚力量助推行业健康发展●

2020 年，上海市物业管理行业协会多措并举重点攻克行业发展过程中的热点、难点、堵点问题，修订了上海市地方标准《居住物业管理服务规范》和《非居住物业管理服务规范》，参与了《住宅物业服务履约质量评价体系研究》，印发了《住宅物业服务履约质量评价暂行办法》，联合上海市估价师协会出台了《住宅物业服务价格评估规范》。2020 年 11 月，上海市物业管理行业协会发布上海市住宅物业服务价格监测信息平均值信息；推出上海市物业费“百企千居”指数研究计划，推动物业费调价工作；配合上海市建设交通工作党委开展加装电梯调研；发布《关于加强高层住宅建筑消防安全专项检查的通知》，落实上海市物业服务企业相关消防安全责任。

坚持强化人才队伍建设，落实行业培训和竞赛活动。2020 年疫情期间，协会推出“物学网直播课堂”，开设各类线上课程 23 场；完成物业经理（中级）培训 2163 人，完成持证人员继续教育培训 7000 余人；开发两项专项能力新课程并与物业经理（初级）证书结合，培训 1061 人；推出行业首张职业技能等级认定证书，与上海物业经理职业水平评价证书配套使用；组织开展年度市优项目、物业服务企业综合能力星级测评、行业诚信承诺评比、《上海品牌》创建等多项创评活动，选塑行业典型。

此外，上海市物业管理行业协会逐步扩大行业影响力，联合长三角近 20 个城市的物业协会召开物业服务论坛，积极参与上海市人民政府合作交流办公室、中国共产主义青年团上海市委员会、上海市慈善基金会组织的定点扶贫活动，持续响应中物协消费扶贫活动，推动区域合作助力脱贫攻坚。

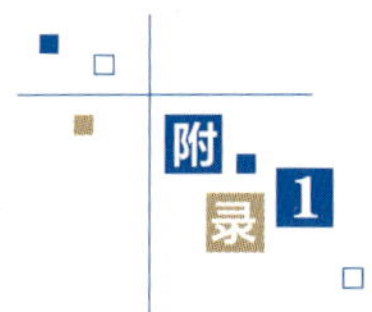

2020年颁布的房地产业法律法规和规范性文件

一、房地产市场管理

住房和城乡建设部、公安部、国家税务总局、中国人民银行、中国银行保险监督管理委员会、最高人民法院《关于加强房屋网签备案信息共享提升公共服务水平的通知》(建房〔2020〕61号)

住房和城乡建设部关于提升房屋网签备案服务效能的意见(建房规〔2020〕4号)

上海市房屋管理局关于印发《上海市住房租赁合同网签备案办法》的通知(沪房规范〔2020〕10号)

住房和城乡建设部房地产市场监管司关于继续做好房地产估价师注册下放试点有关工作的通知(建司局函房〔2020〕31号)

上海市住房和城乡建设管理委员会、上海市房屋管理局关于印发《上海市征收安置住房管理办法》的通知(沪房规范〔2020〕6号)

上海市住房和城乡建设管理委员会、上海市房屋管理局、上海市发展和改革委员会、上海市规划和自然资源局、上海市财政局关于印发《上海市大型居住社区征收安置房价格管理办法》的通知（沪房规范〔2020〕15号）

上海市房屋管理局、上海市司法局关于印发《关于新冠肺炎疫情影响下本市新建住宅交付的指导意见》的通知（沪房建管〔2020〕26号）

二、住房保障

上海市住房和城乡建设管理委员会、上海市房屋管理局、上海市发展和改革委员会、上海市民政局关于印发《上海市共有产权保障住房准入标准和供应标准》的通知（沪房规范〔2020〕5号）

上海市发展和改革委员会、上海市房屋管理局关于印发《上海市实物配租廉租住房租金标准管理办法》的通知（沪发改规范〔2020〕3号）

上海市房屋管理局关于进一步加大公共服务类重点行业企业一线职工公租房保障力度试点工作的通知（沪房保障〔2020〕67号）

上海市房屋管理局、上海市民政局关于推进实施廉租房申请“一件事”改革工作的通知（沪房保障〔2020〕123号）

上海市房屋管理局关于调整优化部分市筹公租房供应区域范围和供应标准的通知（沪房保障〔2020〕22号）

上海市房屋管理局、上海市民政局关于开展本市户籍第八批次和非沪籍第二批次共有产权保障住房申请受理工作的通知（沪房保障〔2020〕54号）

上海市房屋管理局关于推进本市公租房申请便利化的通知（沪房保障〔2020〕96号）

三、住宅小区综合管理和物业管理

住房和城乡建设部、国家发展和改革委员会、民政部、国家卫生健康委员会、国家医疗保障局、全国老龄工作委员会关于推动物业服务企业发展居家社区养老服务的意见（建房〔2020〕92 号）

住房和城乡建设部、工业和信息化部、公安部、商务部、国家卫生健康委员会、国家市场监督管理总局关于推动物业服务企业加快发展线上线下生活服务的意见（建房〔2020〕99 号）

住房和城乡建设部、中央政法委、中央文明办、发展改革委、公安部、财政部、人力资源社会保障部、应急部、市场监管总局、银保监会关于加强和改进住宅物业管理工作的通知（建房规〔2020〕10 号）

中共上海市委办公厅、上海市人民政府办公厅关于印发《关于进一步提升社区治理规范化　精细化水平的若干意见》的通知（沪委办发〔2020〕24 号）

中共上海市城乡建设和交通工作委员会关于印发《关于进一步发挥党建引领作用　推动物业管理行业高质量发展的若干意见》的通知（沪建委〔2020〕78 号）

上海市城市管理细化工作推进领导小组办公室关于落实 2020 市政府实事项目“为 500 个住宅小区新增电动自行车充电设施”的通知（沪精推办〔2020〕2 号）

上海市城市管理精细化工作推进领导小组办公室、上海市房屋管理局关于开展本市住宅小区业主委员会规范化运作评价工作的指导意见（沪精推办联〔2020〕5 号）

上海市城市管理精细化工作推进领导小组办公室、上海市房屋管理局关于开展本市住宅物业服务企业社会责任履行社区满意度评价工作的通知（沪精推办联〔2020〕12 号）

上海市住房和城乡建设管理委员会、上海市房屋管理局关于进一步规范本市旧区改造地块中直管公房补偿款管理工作的通知（沪建房管联〔2020〕290号）

上海市住房和城乡建设管理委员会、上海市房屋管理局关于扶持本市相关物业服务企业应对新冠肺炎疫情防控予以财政补贴的通知（沪建房管联〔2020〕406号）

上海市城市管理行政执法局、上海市房屋管理局关于加强本市住宅物业管理与城管执法联动工作的通知（沪城管执〔2020〕17号）

上海市水务局、上海市房屋管理局关于坚决打赢雨污混接改造工作"收官战"的通知（沪水务〔2020〕144号）

上海市住房和城乡建设管理委员会关于印发《关于规范本市售后公有住房的住宅专项维修资金和相关小区公共收益资金管理的若干规定》的通知（沪建综计〔2020〕303号）

上海市房屋管理局关于印发《上海市物业服务企业和项目经理失信行为记分规则》的通知（沪房规范〔2020〕8号）

上海市房屋管理局关于进一步规范本市住宅小区公共收益使用管理相关工作的通知（沪房规范〔2020〕14号）

上海市房屋管理局关于开展55个易积水小区集中整治工作的通知（沪房物业〔2020〕17号）

上海市房屋管理局关于做好2020年本市房屋白蚁防治工作的通知（沪房物业〔2020〕19号）

上海市房屋管理局关于开展本市住宅物业服务履约质量评价工作的通知（沪房物业〔2020〕89号）

上海市房屋管理局关于开展物业服务企业在物业管理监管与服务信息平台进行物业服务合同备案工作的通知（沪房物业〔2020〕

131 号）

上海市房屋管理局关于开展本市物业服务企业诉求处置及信息报送评价工作的通知（沪房物业〔2020〕148 号）

四、房屋征收修缮和保护

国务院办公厅关于全面推进城镇老旧小区改造工作的指导意见（国办发〔2020〕23 号）

上海市住房和城乡建设管理委员会、上海市房屋管理局关于进一步完善征收补偿机制　推进旧区改造提速的通知（沪建房管联〔2020〕405 号）

上海市住房和城乡建设管理委员会、上海市房屋管理局等十二个委办局关于进一步推进本市“城中村”改造工作的通知（沪建房管联〔2020〕476 号）

上海市住房和城乡建设管理委员会、上海市房屋管理局关于调整本市既有多层住宅加装电梯业主表决比例的通知（沪建房管联〔2020〕801 号）

上海市房屋管理局关于延长《关于做好本市国有土地上房屋征收中公有住房建筑类型鉴定工作的通知》等规范性文件有效期的通知（沪房规范〔2020〕4 号）

上海市房屋管理局关于旧区改造安置住房及“城中村”改造地块免缴城市基础设施配套费的通知（沪房规范〔2020〕9 号）

五、房屋使用安全管理

上海市房屋使用安全管理办法（上海市人民政府令第 39 号）

上海市房屋管理局关于印发《上海市房屋检测鉴定单位公示办法》的通知（沪房规范〔2020〕1 号）

上海市房屋管理局关于做好本市大型居住社区已入住保障性住房外墙外保温安全隐患防范工作的通知（沪房建管〔2020〕7号）

上海市房屋管理局关于印发《房管系统2020年安全生产工作要点》的通知（沪房更新〔2020〕44号）

上海市房屋管理局关于成立市房屋管理局安全生产委员会和明确市房屋管理局安全生产工作职责的通知（沪房更新〔2020〕59号）

上海市房屋管理局关于印发《市房屋管理局安全生产专项整治三年行动计划实施方案》的通知（沪房更新〔2020〕87号）

上海市房屋管理局关于做好2021年房管系统元旦春节期间安全生产工作的通知（沪房更新〔2020〕145号）

六、住宅建设和房地产开发

住房和城乡建设部办公厅、财政部办公厅关于报送2020年城镇保障性安居工程有关情况的通知（财办综〔2020〕1号）

住房和城乡建设部、财政部关于下达2020年中央财政城镇保障性安居工程补助资金预算的通知（财综〔2020〕18号）

住房和城乡建设部关于落实建设单位工程质量首要责任的通知（建质规〔2020〕9号）

上海市住房和城乡建设管理委员会、上海市房屋管理局、上海市规划资源局关于印发《上海市租赁住房规划建设导则》的通知（沪建房管联〔2020〕483号）

上海市住房和城乡建设管理委员会、上海市房屋管理局关于印发《关于完善上海市保障性住房大型居住社区市政和公建设施基本配套的若干意见》的通知（沪建房管联〔2020〕728号）

上海市住房和城乡建设管理委员会、上海市房屋管理局关于启用《上海市新建住宅质量保证书》（2020年版）和《新建住宅使用说明书》（2020年版）的通知（沪建房管联〔2020〕31号）

七、财税金融管理

住房和城乡建设部办公厅关于应对新型冠状病毒感染的肺炎疫情做好住房公积金管理服务工作的通知（建办金函〔2020〕71号）

上海市住房公积金管理委员会关于本市妥善应对新冠肺炎疫情 实施住房公积金阶段性支持政策的通知（沪公积金管委会〔2020〕1号）

上海市公积金管理委员会关于2020年度上海市调整住房公积金缴存基数、比例及月缴存额上下限的通知（沪公积金管委会〔2020〕3号）

关于在沪工作的外籍人员、获得境外永久（长期）居留权人员和台湾香港澳门居民参加住房公积金制度若干问题的通知（沪公积金管委会〔2020〕4号）

关于印发《上海市住房公积金异地个人住房贷款管理办法》的通知（沪公积金管委会〔2020〕6号）

关于在沪工作的外籍人员、获得境外永久（长期）居留权人员个人住房贷款若干问题的通知（沪公积金管委会〔2020〕7号）

上海市公积金管理中心、上海市房屋管理局关于印发《〈关于本市既有多层住宅加装电梯提取使用住房公积金的通知〉操作细则》的通知（沪公积金〔2020〕7号）

关于印发《上海市住房公积金个人购买征收安置住房贷款管理试行办法》的通知（沪公积金管委会〔2020〕8号）

住房和城乡建设部办公厅关于印发《〈关于本市妥善应对新冠肺

炎疫情实施住房公积金阶段性支持政策的通知〉实施细则》的通知（沪公积金〔2020〕13号）

上海市公积金管理中心关于落实“放管服”优化营商环境 进一步提升住房公积金业务办理便利度的通知（沪公积金〔2020〕108号）

八、权籍管理

国务院关于实施动产和权利担保统一登记的决定（国发〔2020〕18号）

上海市规划和自然资源局、上海市住房和城乡建设管理委员会、上海市房屋管理局关于印发《关于进一步优化本市社会投资低风险产业类项目竣工验收、不动产登记办理流程的实施办法》的通知（沪规划资源建〔2020〕33号）

上海市房屋管理局关于本市社会投资低风险产业类项目房屋权属调查工作要求调整的通知（沪房权籍〔2020〕18号）

上海市房屋管理局关于大型居住社区商业配套用房房地产交易相关问题的通知（沪房权籍〔2020〕76号）

上海市房屋管理局关于“多测合一”模式下优化房屋权属调查工作的意见（沪房权籍〔2020〕95号）

上海市房屋管理局关于调整本市公益类项目房屋权属调查相关工作要求的通知（沪房权籍〔2020〕162号）

上海市房屋管理局关于印发《上海市房屋权属调查工作规定》的通知（沪房规范〔2020〕11号）

上海市房屋管理局关于印发《上海市房屋权属调查成果管理规定》的通知（沪房规范〔2020〕12号）

九、综合管理

《中华人民共和国民法典》（节选）

2020 年 5 月 28 日第十三届全国人民代表大会第三次会议通过

国务院办公厅关于全面推行证明事项和涉企经营许可事项告知承诺制的指导意见（国办发〔2020〕42 号）

中国人民银行、中国银行保险监督管理委员会发布关于建立银行金融机构房地产贷款集中管理制度的通知（银发〔2020〕322 号）

上海市人民政府关于修改《上海市城市管理行政执法条例实施办法》的决定（上海市人民政府令第 29 号）

上海市住房和城乡建设管理委员会、上海市城市管理行政执法局、上海市房屋管理局关于印发《关于进一步推进本市城市管理相对集中行政处罚权的实施方案》的通知（沪建法规联〔2020〕4 号）

上海市房屋管理局关于贯彻执行《上海市管理行政执法条例实施办法》的通知（沪房法规〔2020〕25 号）

上海市人民政府关于延长《上海市开展对部分个人住房征收房产税试点的暂行办法》有效期的通知（沪府规〔2020〕33 号）

上海市财政局、国家税务总局上海市税务局、上海市房屋管理局关于本市开展对部分个人住房征收房产税试点若干问题的通知（沪财发〔2020〕18 号）

上海市房屋管理局关于延期缴纳城市基础设施配套费的通知（沪房计财〔2020〕50 号）

上海市人民政府办公厅关于促进本市养老产业加快发展的若干意见（沪府办〔2020〕30 号）

上海市房屋管理局关于做好新型冠状病毒感染的肺炎疫情防控工作的通知（沪房〔2020〕10 号）

上海市房屋管理局关于进一步做好新型冠状病毒感染的肺炎疫

情防控工作的通知（沪房〔2020〕11 号）

上海市房屋管理局关于做好疫情防控和经济社会发展工作的通知（沪房〔2020〕32 号）

上海市房屋管理局关于延长《关于调整本市新建住宅交付使用许可行政审批有关事项的通知》等 2 个规范性文件有效期的通知（沪房规范〔2020〕13 号）

上海市规划和自然资源局关于延长《关于〈上海市土地使用权出让办法〉第三十条适用范围的解释》等 2 件规范性文件有效期的通知（沪规划资源规〔2020〕12 号）

上海市规划和自然资源局关于印发《关于加强容积率管理全面推进土地资源高质量利用的实施细则（2020 版）》的通知（沪规划资源详〔2020〕148 号）

上海市住房和城乡建设管理委员会、上海市房屋管理局、上海市商务委、上海市规划资源局、上海市邮政管理局《关于上海市推进住宅小区和商务楼宇智能末端配送设施（智能快件箱）建设的实施意见》（沪建房管联〔2020〕729 号）

2020年上海市房地产行业大事记

1月

1月11日，上海市副市长汤志平和上海市政府副秘书长黄融研究风貌保护街坊规划管理有关工作。

2月

2月1日，《上海市人民政府关于修改〈上海市共有产权保障住房管理办法〉的决定》（上海市人民政府令第26号）正式施行，将持有《上海市居住证》且积分达到标准分值（120分）、已婚、在上海市无住房、在上海市连续缴纳社会保险或个人所得税满5年、符合共有产权保障住房收入和财产准入标准的非上海户籍常住人口纳入共有产权保障住房保障范围。

2月2日，上海市副市长汤志平召开专题会议，研究进一步加强上海市交通、住房建设系统相关行业疫情防控的阶段性管理措施制定工作。

2 月 6 日，上海市房屋管理局召集部分房地产中介和住房租赁企业布置疫情防控工作。

2 月 17 日，上海市政府副秘书长黄融听取《上海市征收安置住房管理办法》起草情况汇报。

2 月 19 日，上海市副市长汤志平和上海市政府副秘书长黄融听取疫情对上海市房地产市场及旧区改造工作影响情况汇报。

2 月 22 日，上海市副市长汤志平和上海市政府副秘书长黄融听取疫情期间上海市住房租赁市场情况汇报。

2 月 26 日，上海市人大城建环保委主任委员崔明华到黄浦区上海滩新昌城实地调研物业服务企业落实疫情防控措施情况。

2 月 28 日，上海市副市长汤志平和上海市政府副秘书长黄融听取上海市老旧小区改造试点工作方案汇报。

3月

3 月 14 日，上海市副市长汤志平研究上海市疫情影响期间对公租房承租人中的特定对象减免租金等相关工作举措。

3 月 17 日，上海市副市长汤志平和上海市政府副秘书长黄融研究房地产市场有关工作。

3 月 18 日，上海市副市长汤志平和上海市政府副秘书长黄融听取上海市城市更新专项资金贴息操作细则及旧区改造中拆除直管公房补偿款政策汇报。

3 月 24 日，上海市委书记李强、上海市代市长龚正召开会议专题研究房地产工作。

3 月 24 日，《上海市房屋管理局关于做好疫情防控和经济社会发展工作的通知》印发，该通知紧密结合房管系统工作实际，分类优化调整疫情防控工作着力点和应对举措。

3 月 27 日，上海市副市长汤志平和上海市政府副秘书长黄融研究上海市旧区改造融资新模式。

3 月 27 日，上海市房屋管理局会同上海市司法局联合发布《关于新冠肺炎疫情影响下本市新建住宅交付的指导意见》。

4月

4 月 9 日，上海市副市长汤志平和上海市政府副秘书长黄融研究上海市房地产已批未建土地促开工稳投资工作。

4 月 10 日，上海市财政局、上海市房屋管理局联合印发《关于本市既有多层住宅加装电梯办理政府补贴资金有关事项的通知》（沪财建〔2020〕28 号）。

4 月 14 日，上海市房屋管理局、上海市规划和自然资源局联合印发《关于规范既有多层住宅加装电梯建筑方案设计工作的通知》（沪房更新〔2020〕39 号）。

4 月 17 日，上海市常务副市长陈寅、上海市副市长汤志平和上海市政府副秘书长马春雷、黄融研究旧区改造投融资工作。

4 月 26 日，上海市副市长汤志平和上海市政府副秘书长黄融研究违建别墅清查整治工作。

4 月 27 日，上海市人大常委会主任蒋卓庆听取旧改基地征收收尾机制课题研究情况汇报。

4 月 27 日，上海市副市长汤志平调研市促进房地产市场健康发展综合信息平台建设工作。

5月

5月1日，上海市委书记李强到上海海尚物业管理有限公司海德花园管理处班组走访看望，要求把疫情防控期间形成的好经验好做法加快固化下来，形成常态化管理制度。

5月7日，上海市常务副市长陈寅、上海市副市长汤志平和上海市政府副秘书长马春雷、黄融研究旧区改造投融资工作。

5月14日，上海市代市长龚正、上海市副市长汤志平、上海市政府秘书长陈靖和上海市副秘书长黄融研究上海市违建别墅问题清查整治情况。

5月15日，上海市建设交通工作党委书记王醇晨、上海市住房和城乡建设管理委员会副主任、上海市房屋管理局局长王桢和上海市住房和城乡建设管理委员会总工程师刘千伟一行赴上海市房地产学校检查并指导学校开学前疫情防控各项准备工作。

5月19日，上海市人大常委会副主任肖贵玉带队开展“老旧多层住宅加装电梯”代表建议督办活动，实地考察静安区临汾路街道临汾小区多层住宅加装电梯情况，听取相关工作汇报并研讨工作难点。

5月21日，上海市房地产经纪行业信用信息平台通过在线直播的方式正式对外发布，并同步启动上海市首批房地产经纪人从业信息卡发放工作。

5月28日，上海市副市长汤志平和上海市政府副秘书长黄融研究“关于加快推进上海市旧区改造工作的若干意见”制订工作。

6月

6月2日，上海市副市长汤志平和上海市政府副秘书长黄融、赵奇研究缓解住宅小区“停车难”有关工作。

6月8日，上海市住房和城乡建设管理委员会、上海市房屋管理局印发《上海市征收安置住房管理办法》(沪房规范〔2020〕6号)，自7月1日起实施。

6月17日，上海市政府召开市住宅小区建设“美丽家园”2020年工作推进会议，上海市副市长汤志平出席并讲话。会议由上海市政府副秘书长黄融主持。上海市住房和城乡建设管理委员会副主任、上海市房屋管理局局长王桢代表市城市精细化管理工作推进领导小组办公室通报2019年美丽家园建设情况、部署2020年工作。上海市水务局、闵行区政府、虹口区北外滩街道、静安区彭浦新村街道银都一二村居委会进行工作交流。

6月19日，上海市房屋管理局局长王桢参加2020上海民生访谈节目，围绕住房保障、租赁住房、新建住宅交付使用、小区终端快递柜、老旧住房电梯加装、维修资金续筹、物业费提价等住房民生话题进行政策宣传、思路分享和热点回应。

7月

7月4日，上海市副市长汤志平和上海市政府副秘书长黄融研究市属保障性住房消化处置有关工作。

7月6日，上海市副市长汤志平和上海市政府副秘书长黄融召开上海市历史风貌区和优秀历史建筑保护委员会工作会议。

7月10日，上海市物业行业党建工作指导委员会召开上海市物业管理行业党建工作推进会。上海市建设交通工作党委书记、委员会主任王醇晨出席并讲话。上海市房屋管理局局长、委员会副主任王桢就贯彻落实《关于进一步发挥党建引领作用，推动物业管理行业高质量发展的若干意见》进行动员部署。宝山区、嘉定区房屋管理局交流发言。上海市房屋管理局副局长、委员会办公室主任张立新出席；各区房管部门党委（党组）书记、局长、物业科长，委员会成员及各区分会主任参加。

7 月 10 日，上海市房屋管理局召开上海市既有多层住宅加装电梯工作会议，总结上半年工作，并就下一步工作做出部署。

7 月 17 日，上海市副市长汤志平和上海市政府副秘书长黄融研究《上海市房屋使用安全管理办法》(送审稿)。

7 月 28 日，住房和城乡建设部与上海市人民政府签署共建超大城市精细化建设和治理中国典范合作框架协议。上海市委书记李强，住房和城乡建设部部长王蒙徽，上海市市委副书记、上海市市长龚正出席部市合作工作座谈会并见证签约。

7 月 28 日，上海市副市长汤志平和上海市政府副秘书长黄融研究铁路局住房政策调整应对工作。

月

8 月 5 日，上海市副市长汤志平和上海市政府副秘书长黄融研究廉租住房申请“一件事”改革工作。

8 月 14—21 日，上海市房屋管理局组织开展上海市住房租赁业务培训。重点针对租赁合同网签备案“不见面办理”、代理经租行业规范化管理、市房地产经纪行业协会诚信平台进行政策解读，还邀请华东师范大学民法学教授结合《中华人民共和国民法典》对住房租赁相关法律规定举行讲座。各区房管部门、市区两级住房租赁服务中心、各街镇社区事务受理服务中心以及部分住房租赁企业、房地产经纪机构等 600 余人参加培训。

8月20日，上海市房屋管理局召开各区住宅小区综合管理联席会议办公室负责人会议，通报年初以来上海市美丽家园建设有关工作情况，部署下阶段工作。虹口区房屋管理局、欧阳路街道分别汇报了美丽家园建设工作和蒋家桥小区物业管理区域合并工作情况，嘉定区、松江区、青浦区、闵行区、普陀区、徐汇区、黄浦区等区作了工作交流。

8月24日，上海市委副书记、市长龚正主持召开市政府常务会议，要求持续推进上海市城中村改造，更好支撑“六稳”“六保”工作，更好满足人民群众对美好生活的需要。

8月24日，上海市常务副市长陈寅、副市长汤志平、上海市政府副秘书长马春雷和黄融研究制定上海市旧区改造配套政策相关工作。

8月24日，上海市副市长汤志平和上海市政府副秘书长黄融研究《关于完善上海市保障性住房大型居住社区市政和公建设施基本配套的若干意见》修订工作。

8月25日，上海市住房和城乡建设管理委员会、上海市房屋管理局研究推进“十四五”住房发展规划和住房专项规划编制工作。

8月26日，上海市副市长汤志平和上海市政府副秘书长黄融召开上海市房地产市场健康发展联席会议（扩大）工作会议。

8月29日，上海市房屋管理局、上海市规划和自然资源局联合召开座谈会，听取房地产行业部分专家、企业代表对上海市房地产市场运行情况的分析研判和对策建议。

9月

9月9日，上海市建设交通工作党委书记王醇晨、副书记周志军调研浦东新区人才安居工作，现场考察旭辉柚米寓唐镇店非居转化租赁住房项目、金家宅农村人才公寓和永业小区美丽家园建设和加装电梯项目。

9月10日，上海市委组织部副部长冷伟青调研人才安居工作，实地走访公共租赁住房馨逸公寓、龙南佳苑和非居转化租赁住房项目闵房泊寓疏影店。

9月10日，上海市建设交通工作党委书记王醇晨、副书记周志军调研宝山区物业管理和老旧住房加装电梯工作，现场考察庙行镇共康五村加装电梯工作、乾溪物业企业党建及乾溪三村党建联建情况、大华物业企业党建及铂金华府党建联建情况。

9月17日，上海市房屋管理局举办2020年市房管系统政务新媒体工作会议暨业务培训，邀请新媒体行业专家为学员们讲授当前政务新媒体工作面临的新形势、新任务、新要求。上海市房屋管理局机关各处室、局属各事业单位，各区房管部门、房管集团以及相关协会的新媒体信息员参加培训。

9月22日、23日，上海市房屋管理局举办为期两天的廉租住房政策暨廉租房申请“一件事”改革工作业务培训结束。上海市房屋管理局住房保障处、上海市住房保障中心、上海市民政局居民经济状况核对中心分别对廉租房申请“一件事”改革的有关要求和业务操作进行了培训，上海市各区、各街道（乡镇）住房保障实施机构约300名一线工作人员参加培训。

9月27日，上海市政府副秘书长黄融听取上海市旧住房更新改造工作意见制订情况汇报。

9月27日，上海市物业行业党建工作“三优一先”暨第四届最美物业人表彰大会在浦东图书馆举行。上海市建设交通工作党委副书记周志军出席并讲话。上海市住房和城乡建设管理委员会副主任、上海市房屋管理局局长王桢宣读表彰决定，对上海物业行业首批党建品牌、行业党建工作“三优一先”以及在第四届“最美物业人”评选活动中获奖的先进企业、优秀团队和个人进行表彰。大会还以事迹演讲的形式交流了最美物业企业、优秀团队和先进标兵的生动事迹、成功经验，充分展示了抗战新冠肺炎疫情中上海物业人努力拼搏的良好形象。上实发展物业联合党委代表上海市创建物业行业党建品牌的各企业党组织向上海市物业服务企业和 90 万物业从业员工发出“弘扬行业精神，争当进博先锋”的倡议。

9 月 29 日，上海市政府副秘书长黄融研究住房公积金贷款支持上海市旧改居民购买征收安置住房政策方案。

10月

10 月 9 日，上海市副市长汤志平和上海市政府副秘书长黄融研究整顿规范上海市住房租赁市场秩序。

10 月 10 日，上海市副秘书长赵奇召开“迎进博、保平安”防范电动自行车火灾综合治理工作部署会。

10 月 15 日，上海市副市长汤志平和上海市政府副秘书长黄融研究民心工程——既有多层住宅加装电梯工程有关工作。

10 月 16 日，上海市副市长汤志平和上海市政府副秘书长黄融研究民心工程——旧区改造工程有关工作。

10 月 16 日，上海市副市长汤志平和上海市政府副秘书长黄融研究农村房屋安全隐患排查整治工作。

10 月 21 日，上海市房屋管理局前往国家会展中心实地察看进博会场馆物业服务保障情况，详细了解现场防疫措施、景观绿化布设、设施设备运行等管理工作。实地察看结束后，中国国际进口博览会物业服务联盟临时党委召开进博会物业服务管理工作会议。

10 月 21 日，上海市房屋管理局组织召开业主大会自管阶段住宅专项维修资金年度审计试点工作启动会，上海市公积金中心、上海市物业事务管理中心及静安区房屋管理局、芷江西路街道分管领导，建设银行、上海银行及审计单位相关部门负责人、参与年度审计试点的静安区芷江西路街道相关小区业委会主任及物业服务企业项目经理参加启动动员培训。

10 月 23—28 日，上海市开展为期六天的 2020 年度城市更新分赛区优秀历史建筑保护修缮立功竞赛活动。活动主题为“秉持工匠之心，建设人民之城”，重点对优秀历史建筑传统天花线脚施工进行评比。各区房屋管理局分管领导和优秀历史建筑保护管理人员代表到场观摩。

10 月 24 日，上海市副市长汤志平和上海市政府副秘书长黄融研究民心工程——城中村改造工程有关工作。

10 月 29 日，上海市房屋管理局、上海市邮政管理局、虹口区政府联合举行快递小哥公租房入住仪式，来自邮政、顺丰的 60 名快递员代表参加。这是上海市宿舍型公租房试点项目首批入住。

11月

11 月 5 日，上海市副市长汤志平和上海市政府副秘书长黄融研究保障性住房有关工作。

11 月 5 日，上海市副市长汤志平和上海市政府副秘书长黄融研究外滩地区老建筑保护开发利用工作。

11 月 10 日，上海市副市长汤志平和上海市政府副秘书长黄融研究大型居住社区建设推进工作。

11月12日，上海市房屋管理局印发《上海市住房租赁合同网签备案办法》(沪房规范〔2020〕10号)。

11月13日，上海市房屋管理局开展上海市房屋征收管理人员培训。邀请上海市司法局原一级巡视员、华东师范大学特聘教授、博士生导师刘平教授作题为“从依法行政到法治政府”的专题讲座。上海市司法局行政应诉处就新信息公开条例进行解读，并对进一步做好信息公开提出相关要求。上海市房屋管理局复议专班就房屋征收复议典型案例进行针对性讲解指导。各区房管部门分管领导、旧改办、征收中心房屋征收管理人员近200人参加培训。

11月24日，上海市市长龚正、常务副市长陈寅、副市长汤志平、市政府秘书长陈靖、副秘书长马春雷、黄融研究市级机关、事业单位房屋调查统计有关工作。

11月24日，上海市房屋管理局机关工会第一届第一次会员代表大会召开。会议通过无记名投票方式选举产生第一届工会委员会主席、委员和第一届工会经费审查委员会主任、委员。

12月

12月5日，上海市房屋管理局党组成员分四组对浦东新区、黄浦区、宝山区、闵行区、金山区等部分公租房、长租公寓及住宅小区疫情防控工作情况开展专项检查。

12月7日，上海市房屋管理局召开系统疫情防控工作电视电话会议，贯彻落实中国共产党上海市委员会、上海市人民政府关于常态化疫情防控工作的要求，并就做好岁末年初收官冲刺和谋篇开局工作进行部署。

12月11日，上海市市长龚正、常务副市长陈寅、副市长汤志平、市政府秘书长陈靖、副秘书长黄融研究2021年建设领域工作思路。

12月27日，上海市房屋管理局党组成员带队分别赴黄浦区、徐汇区、静安区、长宁区、虹口区、杨浦区、普陀区等区对部分住宅小区、征收（拆迁）基地、房屋修缮工地和房屋维修应急中心开展防寒防冻工作专项检查。

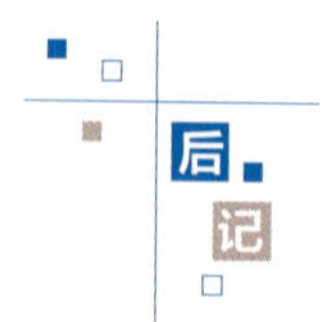

后记

艰难方显勇毅，磨砺始得玉成。2020年，我们克服新冠肺炎疫情影响，全面建成小康社会取得伟大历史性成就，决战脱贫攻坚取得决定性胜利，取得统筹疫情防控和经济社会发展的重大成果。"十三五"圆满收官，"十四五"全面擘画。

聚焦两个一百年奋斗目标，人民城市人民建的新蓝图已经绘就，"十四五"规划对上海市房地产市场、住房保障、租赁住房、旧区改造、住宅小区综合治理等提出了新的要求。住房作为人民实现美好生活的重要体现之一，发展任务永远在路上。

本书的编纂旨在全面反映上海市房地产行业的发展状况，为房地产业的管理者、服务者、从业者和研究人员提供全面的行业信息和决策研究参考。

本书的编纂工作受上海市住房和城乡建设管理委员会、上海市房屋管理局的委托，由上海市房地产科学研究院具体承担。在编纂过程中，很多单位和个人给予大力支持与无私奉献：上海市住房和城乡建设管理委员会、上海市房屋管理局的相关处室给予了政策指导；上海市住房保障事务中心、上海市住宅建设发展中心、上海市房地产交易中心、上海市房屋状况信息中心、上海市物业管理事务中心、上海市公积金管理中心等单位分别提供了相关管理数据资料；相关行业协会提供了各个行业的统计数据资料；上海市规划和自然资源局、上海市统计局、中国人民银行上海总部、中国银行保险监督管理委员会上海监管局、上海市税务局等市相关委办局提供了相关统计数据。在此向以上单位和参与工作的人员表示深深的感谢。在编纂本报告期间，很多业内专家学者也奉献了各自的真知灼见，在此一并向他们致以诚挚的谢意。

本书各章节的主要撰写者有徐寒娇、陆鲁弘琰、杨霞、张习和陈昌越等。受限于本书的编纂时间及编纂水平，书中的错漏在所难免，敬请各位读者不吝批评指正。

图书在版编目(CIP)数据

上海市房地产业发展报告. 2021/上海市住房和城乡建设管理委员会,上海市房屋管理局,上海市房地产科学研究院编.—上海:上海人民出版社,2021
ISBN 978-7-208-17427-6

Ⅰ. ①上… Ⅱ. ①上… ②上… ③上… Ⅲ. ①房地产业-产业发展-研究报告-上海-2021 Ⅳ. ①F299.275.1

中国版本图书馆 CIP 数据核字(2021)第 224003 号

责任编辑 王 吟
封面设计 零创意文化

上海市房地产业发展报告 2021
上海市住房和城乡建设管理委员会
上海市房屋管理局 编
上海市房地产科学研究院

出　　版 上海人民出版社
(201101 上海市闵行区号景路 159 弄 C 座)
发　　行 上海人民出版社发行中心
印　　刷 上海商务联西印刷有限公司
开　　本 720×1000 1/16
印　　张 14.25
字　　数 161,000
版　　次 2021 年 12 月第 1 版
印　　次 2021 年 12 月第 1 次印刷
ISBN 978-7-208-17427-6/F·2719
定　　价 108.00 元